Carl Siegfried

Spinoza als Kritiker und Ausleger des Alten Testaments

Carl Siegfried

Spinoza als Kritiker und Ausleger des Alten Testaments

ISBN/EAN: 9783743481282

Hergestellt in Europa, USA, Kanada, Australien, Japan

Cover: Foto ©Lupo / pixelio.de

Manufactured and distributed by brebook publishing software (www.brebook.com)

Carl Siegfried

Spinoza als Kritiker und Ausleger des Alten Testaments

...ker und Ausleg...

...schichte der al...

von

Professor Sieg...

Nebst dem

...esbēricht des R...

Einladungsprogramm

zu der

am 21. Mai 1867

stattfindenden

...dert und vierundzwanzigsten Stift...

der

...chen Landesschu...

Naumburg,
Druck von Heinrich Sieling.
1867.

Spinoza als Kritiker und Ausleger des alten Testaments.

Die Reformation hatte das bisherige kirchliche System einer rücksichtslosen Kritik unterzogen. Hinsichtlich des Dogma war der Massstab der Prüfung die Bibel gewesen. Sie galt den Reformatoren als das in sich feste unangreifbare Datum. Indessen neben den dogmatischen Fragen gab es bald auch allerlei historische zu untersuchen: für welche kein anderes Gesetz als das der geschichtlichen Forschung geltend zu machen war. Da war es denn unvermeidlich, dass der Gang der Untersuchung schliesslich auch zur Bibel selbst vordrang; auch sie war ein geschichtlich entstandenes Ganze, das nach den Grundsätzen historischer Kritik geprüft werden musste. Hier trat nun aber die Sache in eine bedenkliche Phase der Entwickelung ein. Solche Untersuchungen schienen den festen Grund, auf welchem sich die evangelische Kirche erbaut hatte, zu gefährden; das formale Princip der Reformation, die unbedingte Autorität der heiligen Schrift war damit scheinbar in Frage gestellt, und je mehr die evangelische Dogmatik dazu fortschritt, Offenbarung und Bibel als gleichbedeutend zu setzen, die Theopneustie dem Ganzen wie den einzelnen Theilen der heiligen Schrift zuzuschreiben, um so weniger konnte sie es dulden, dass eine menschliche Kritik sich erkühnen wollte, in diesen geheiligten Bannwald vorzudringen und in demselben Bäume zu fällen.

Ihr Unternehmen musste demjenigen, der behauptete: „solus Deus si accurate loqui velimus Scripturae sacrae autor dicendus est, profetae vero et apostoli autores dici non possunt, nisi per catachresin utpote qui potius Dei autoris calami fuerunt [1] — als ein Streiten wider Gott erscheinen. Auch nicht das Mindeste konnte derjenige einer geschichtlichen Kritik zugeben, der omnia et singula verba a Spiritu sancto aspirata et in calamum dictata erachtete. [2] So traten denn zwei Richtungen einander entgegen: eine welche vom Dogma der Inspiration aus eine feste unnachgiebige Ansicht über die Bibel aufstellte, gänzlich unbekümmert darum, ob dieselbe der Wirklichkeit entspreche, und eine andere welche fragte: wie liegt die Sache thatsächlich,

---

[1] Quenstedt. [2] Hollaz.

was lehrt uns die geschichtliche Wirklichkeit von der Beschaffenheit, dem Ursprunge, der Erhaltung, der Sammlung der biblischen Bücher. —

In dem theilweis erbitterten Streite dieser beiden Richtungen wie in den mehr oder minder partheiisch gefärbten Darstellungen dieses Streites sind viel ungerechte Vorwürfe erhoben worden. Gänzlich schief geurtheilt ist es, wenn man jener dogmatisch-apologetischen Richtung ohne Weiteres Unwissenschaftlichkeit, Unkritik und dergl. zum Vorwurf macht. An Gelehrsamkeit übertrafen die Buxtorfe jedenfalls ihre Gegner, an Gründlichkeit und Vollständigkeit des Materials hat es keiner aus der evangelisch kirchlichen Parthei fehlen lassen, die Einwürfe der Gegner werden meist sehr eingehend gewürdigt und oft recht scharfsinnig widerlegt. Aber Niemand wird heutzutage noch behaupten können, dass diese Männer voraussetzungslos an die Untersuchung der Sache gegangen seien: vielmehr stand ihnen von vornherein fest, dass die biblischen Schriften authentisch, fehlerlos in der Gestalt auf uns gekommen seien, in welcher sie den heiligen Schriftstellern von Gott in die Feder dictirt waren. Diese Voraussetzung war ihnen Ziel der Untersuchung, auf diesen Nachweis war von vornherein alles angelegt. — Ihre Sorge war also nicht zu untersuchen: wie liegt die Sache ¦thatsächlich, sondern wie fangen wir es an, unsere dogmatische Anschauung von der Bibel aus dem gegebenen Material heraus [1]) zu deduciren. — So gewannen sie die Stellung von Anwälten einer heiligen Sache, in deren Vertretung sie die Aufgabe einer gläubigen Theologie sahen. — Auf der andern Seite ist nicht zu verkennen, dass durch den Reiz jenes Gegensatzes die kritische Richtung oft sich hat verleiten lassen: zur Krittelei, zu absichtlicher Hervorkehrung von Widersprüchen, zu unfruchtbarer Skepsis, zur Hypothesensucht, zur Willkür, zu einer nur andersartigen Befangenheit in philosophischen oder kritischen Voraussetzungen. Aber nichts als dies bei ihr zu finden streitet doch allzusehr gegen die geschichtliche Wahrheit. Es gab doch eine Reihe von Männern dieser Richtung, welche in der That vom Trieb nach Wahrheit geleitet nur die Erforschung des Sachverhalts sich zum Ziele stellten und in diesem Streben durch jene Entdeckungen gelohnt wurden, welche heutzutage als Gemeingut der Wissenschaft angesehen werden.

Die Gegensätze sind mit geringen Unterschieden noch jetzt dieselben. Aus diesem Grunde dürfte es der Mühe lohnen, einmal auf die Anfänge der kritischen Bewegung und des Streites, der sich infolge derselben entzündete, zurückzugehen.

Eine seltsame Erscheinung, die sich ganz ausserhalb der Bahnen herkömmlicher kirchlicher Ansicht bewegte, gab hier den ersten Anstoss. Anno Salutis MDCLV erschien ein anonymes Libell unter dem Titel: Praeadamitae s. exercitatio super versibus XII. XIII et XIV capitis Vti epistolae D. Pauli ad Romanos, quibus inducuntur primi homines ante Adamum

---

[1]) Dass so die Sache lag, ergiebt sich ganz deutlich aus Carpzow, introductio ad libros can. bibl. V. T. T. I praefat, wo er sagt, er schreibe auf Antrieb einiger studirenden Jünglinge, die ihn gebeten hätten, sie zu lehren quae circa asserendam Scripturae S. autoritatem, eamque a μισοβίβλων et pseudo-Criticorum strophis vindicandam . . . . tenenda theologiae consentanea essent.

conditi." — Von v. 13 des 5. Capitels des Römerbriefs ausgehend und auf Grund der Worte: „bis zum Gesetz war Sünde in der Welt, aber die Sünde ward nicht zugerechnet, da kein Gesetz da war," argumentirt der Verfasser folgendermassen: Da auch Adam schon ein Gesetz Gottes erhielt, nämlich das Verbot des Genusses vom Baume der Erkenntniss, und Adam bereits dies Gesetz im Sündenfall übertrat, so ist die Zeit des Gesetzes nicht, wie man bisher meinte, erst von Mose an, sondern bereits von Adam her zu rechnen und schon seit Adam ist Sünde zugerechnet worden. Folglich muss die „Zeit vor dem Gesetz," auf welche v. 13 anspielt, eine „Zeit vor Adam" gewesen sein und die Menschen vor Adam haben nicht ad similitudinem transgressionis Adami gesündigt, da Adams Sünden Uebertretungen des Gesetzes waren; die Sünden seiner Vorfahren aber waren dies nicht, da noch kein Gesetz da war. Indessen sind Adams Uebertretungen wie vorwärts seinen Nachkommen so auch rückwärts seinen Vorfahren angerechnet, welche daher auch schon das Urtheil des Todes traf. Dies war deshalb nothwendig, weil letzteren sonst auch der Tod des zweiten Adams Christi nicht hätte zum Heil angerechnet werden können. Die solidarische Verbindung mit Christo zum Leben setzt die mit Adam zum Tode voraus. Periissent nisi periissent! —

Als der Verfertiger dieses seltsamen Spinnengewebes ergab sich später ein gewisser Isaac Peyrerius, aus Bordeaux gebürtig, der von Hause aus als Reformirter sich in der Begleitung des Prinzen Condé befand, später aber zu Worms den reformirten Glauben abschwor und katholisch ward. Nach einer Grabschrift, die auf ihn gedichtet ward, soll er gar ursprünglich Israelit gewesen sein.[1]) Der gute Jöcher sagt von ihm in seinem Gelehrtenlexikon: „man beschreibt ihn als einen ehrlichen friedfertigen Mann, der aber nicht eifrig katholisch gewest und überhaupt wenig geglaubt haben soll." — Wen das beunruhigen sollte, der mag aus folgender Notiz Trost schöpfen, die sich bei Huetius in der demonstratio evangelica Propos. IV c. 14 (ed. Francofurt 1722 p. 179) findet, wo es von dem gleich anzuführenden Hauptwerke des Peyrerius heisst: „perniciosum itidem opus sed cujus virus salubri poenitentia auctor eluit, was übrigens nicht hat verhindern können, dass dasselbe zu Paris durch Henkershand verbrannt wurde. Gestorben ist dieser harmlose Träumer, dessen Phantasien wohl kaum in irgend einem der kirchlichen Systeme noch auch in der Synagoge Platz finden konnten, am 30. Jan. 1676. —

Sein Hauptwerk führte den Titel: „systema theologicum ex Praeadamitarum hypothesi; es erschien ebenfalls 1655 anonym und umfasste 5 Bücher.

Das erste Buch knüpft an die in obengenannter Schrift gewonnenen Resultate an. Ganz deutlich, sagt der Verfasser, setze der Apostel in Roem. V. 12—14 zweierlei Sünden die ante legem und die post legem begangenen. Erstere seien nicht zugerechnet und hätten keine Strafe nach sich gezogen, sie seien die natürlichen Aeusserungen des menschlichen Wesens (vitia sunt ipsa natura humana quorum causae non sunt petendae ex peccato Adami.), ebenso sei der Tod

---

[1]) Le Peyrere içi git ce bon Israelite, Huguenot, Catholique enfin Préadamite quatre religions lui plurent à la fois etc. etc.

etwas Natürliches, aus der sterblichen Natur des Menschen Hervorgehendes. Was durch Adam in die Welt gebracht sei, seien daher nicht die peccata naturalia sondern die peccata legalia, deren Strafe nicht mors naturalis, sondern mors legalis sei. Darunter versteht der Verfasser die Wirkung des göttlichen Strafurtheils auf das Gemüth. — Die natürliche Mangelhaftigkeit des Menschen entstehe daher, dass das an sich fleckenlose Bild Gottes einem mangelhaften Stoffe aufgeprägt sei und durch die Vermischung mit letzterem immer mehr entstellt werde. Aus dieser Verderbniss erneuere nun die Gnade Gottes den Menschen durch eine zweite Schöpfung per spiritum recreationis, und führe die Menschen zu höherer Heiligkeit als sie nach der ersten Schöpfung erreichen konnten. Diese zweite Schöpfung werde aber nicht allen sondern nur den electis zu Theil.

Soweit der grundlegende allgemeine Theil, von dem man doch sagen muss, es hängt alles Einzelne gut zusammen, es ist Consequenz und Ordnung darin. — Nun aber von Buch 2 ab beginnt die Anwendung. Die electi sagt hier Peyrère sind die Juden, ihre Auswal beginnt mit Adam, qui primus Judaeorum pater ist. Judaei formati a Deo in Adamo, gentiles creati a Deo, verbo Dei, Judaei peculiariter formati manibus Dei. Die Schrift unterscheidet deutlich die Schöpfung der Juden, welche Deut. 32 von Mose Söhne Adams genannt werden, von der der Heiden, welche Ps. 49 terrigenas nennt. Gentiles proprie et promiscue cum rebus omnibus creatis creationis primae fuere genimina. Judaei proprie et seorsim a rebus omnibus creatis secundae creationis plasmata et figmenta fuere in Adamo. Jene erste Menschenschöpfung die Heidenschöpfung stehe Genes. c 1., die zweite, die Judenschöpfung dagegen Genes. c 2., wobei der gute Träumer vergisst, dass in beiden Fällen „Adam" steht, während dies doch nach seiner Hypothese characteristische Bezeichnung des Judenvaters sein soll. — Den exegetischen Beweis mit seinen Kreuz- und Quersprüngen übergehen wir, wollen nur im Vorbeigehen hier bemerken, dass der Verfasser Deut. 28 „der Herr wird dich zu einem dir und deinen Vätern unbekannten Volke führen", folgendermassen benutzt. Da auch die Väter nichts von diesem Volke wussten, so folgt daraus, dass es nicht von ihnen abstammte, es waren daher wahrscheinlich die Amerikaner, Australier oder Grönländer gemeint. Diese Auslegungsweise erinnert stark an den jüdischen Midrasch, der also vielleicht auch „ce bon Israelite" confus gemacht hatte. —

Mit dem Nachweis der Grundverschiedenheit der Heidenwelt von der jüdischen sowie mit der nicht adamitischen Abstammung der Ersteren beschäftigt sich das dritte Buch, welches den in allen isagogischen Werken der damaligen Zeit herkömmlichen grauenvollen Wust über Mythologie, Astrologie, Urgeschichte der Alten wenngleich in abgekürzter Form auftischt. —

Buch 4 geht alsdann auf die Hauptfrage los. Es sei durchaus nicht seine Absicht, versichert uns der Verfasser, die Autorität der heiligen Schriften zu vermindern. Dicam ingenue quae sit de illis mea sententia. At si quid fallo ita fallar (sehr anerkennenswerthe Offenheit, aber damals wie auch wol noch jetzt unter Umständen gefährlich! Doch hören wir ihn!) Opinio haec semper mihi sedit, quam inconcusse et firmiter teneo: „bibliis sacris contineri quicquid scire hominibus concessit Deus vel de origine mundi vel de historia sacra vel de profetiis vel de mysteriis divinis vel de salute nostra Quae ad salutem nostram unice spectant paucis constant. Et in illis tantum curae tantum diligentiae et tantum lucis adhibuit spiritus sanctus quantum captui humano convenit. Pluribus mandata sunt, quae de aliis tractant. Et de illis aperiam, quod omnes sentiunt quodque plerique mussant, dicere. Tanta scilicet incuria et caligine tanta scripta fuisse, ut nihil plerumque intricatius nihil obscurius legi possit." Der Grund hiervon liege in dem Umstande, dass Gott sich nie völlig offenbart habe, sondern nur immer in Bildern und Gleichnissen. Aenigmatice locutus est Deus. Dazu komme, dass uns nicht autographa jener heiligen Schriften überkommen seien, sondern nur apographa. Das A. T. weise ganz deutlich auf andere Quellen hin, auf den liber justorum, die libri Gad, liber Nathan, l. sermonum dierum regum Israel et Juda, verba Jehu. — Die sogenannten 5 Bücher Mose seien nicht Mosis archetypi sondern excerpti et exscripti ab alio. — Die Gründe hierfür seien folgende: 1. Deut 1. stehe trans Jordanem, Moses würde geschrieben haben cis Jordanem. Jenes deute auf den Verfasser oder Sammler des Deut., der im heiligen Lande war. 2. es werde Moses Tod darin berichtet. Das Auskunftsmittel, Josua habe dies zugefügt genüge nicht, da alsdann die Frage beim Ende des Buches Josua wiederkehre. (Unklar! für die 5 Bücher Mose würde es deshalb doch jedenfalls genügen.)

3) Num. 21 wird „ein liber bellorum Dei" erwähnt. Dies Citat konnte Mose nicht machen, da hier Dinge beschrieben werden, die er selbst erst ausführte. Zu seiner Zeit war jenes Buch noch nicht geschrieben, konnte noch nicht geschrieben sein. Es sei wahrscheinlich anzunehmen, dass Moses commentarios diurnos schrieb (wie Caesar! war das in der That wahrscheinlich?), aus diesen Commentaren sei dann wohl lange nach Mose's Tode der liber bellorum Dei entstanden, dessen Erzählungen sodann in das Buch Numeri übergingen, das also erst apographum apographi war. — In der That so viel Treffendes und Einschlagendes in der Negative, aber so viel Windbeutelei, in nichts begründete Träumerei in der positiven Aufstellung. Er bot der orthodoxen Antikritik Handhaben genug, die sie treulich benutzte, wie wir sehen werden.

4) Deut. 3 usque in praesentem diem. — Zu Mose's Zeit hatte ja Jair kaum sein Besitzthum empfangen. Der Verfasser will offenbar in viel späterer Zeit nachweisen, dass Jair's Besitz auf einer mosaischen Stiftung beruhe.

5) König Og's von Basan eisernes Bette. Welcher Sinn wäre darin gewesen, wenn Mose zu den Juden gesagt hätte: sie sollten sich zu Rabbath-Ammon Og's eisernes Bettstell ansehen, um sich dadurch einen Begriff von seiner Grösse zu verschaffen? Hätten doch diese Juden den Og lebendig gesehen. Offenbar will hier der Schriftsteller auf eine aus alter Zeit herrührende Reliquie verweisen.

6) Deut. 2 wird auf die Vertreibung der Edomiter durch Israel angespielt, diese Vertreibung hat aber erst unter David stattgefunden. Ps. 108. 1. Chr. 18. Daraus folgt also, dass dieser Theil des Deut. erst nach David's Zeit geschrieben ist. —

Dies die erste kritische Explosion! — So ziemlich kam in ihr bereits zum Vorschein, was man damals überhaupt vorzubringen wusste. Ueber das was ihr entgegengesetzt wurde, hernach wenn das ganze corpus delicti beisammen sein wird.

Aus dem Umstande, dass die fünf Bücher nicht von Mose, sondern erst später aus verschiedenen Urkunden zusammengestellt sind, erklärt sich dem Verfasser, warum in ihnen so viel Dunkles, Verworrenes, oft Wiederholtes und Ausgelassenes erscheint. So z. B. sei Gen. 4 unvollständig, da nirgend ein Jüngling erwähnt werde, den Lamech getödtet habe (ein Verlangen, das fast lächerlich zu lesen ist). Gen. 20 sei verstellt, denn König Abimelech werde doch kein Verlangen nach der Greisin Sarah getragen haben cui desierant fieri muliebria (vergl. c. 18, 11). Calvin behauptet: „o ja! insolita Dei gratia excelluit Sarae venustas inter alias ejus dotes", und Delitzsch stimmt zu (Genesis I p. 393) „auch jetzt im 90. Lebensjahre ist Sara's Schönheit nicht verblüht", obwohl c. 18, 11 doch deutlich genug sagt, wie die Sache stand. —

Exod 18 bringe Jethro dem Mose seine Frau und Kinder, welche Moses doch nach c. 4 mit sich genommen habe. — Das Gefühl, dass diese Widersprüche, Auslassungen und dergl. sich durch keine künstliche Auslegung wegdeuten lassen, sondern in der Zusammensetzung des Werkes aus verschiedenen Bestandtheilen ihre natürliche Erklärung finden, ist in dem Verfasser so lebhaft, dass es ihn schliesslich zu folgendem Ausruf treibt: At vos qui in illis conciliandis responsiones et solutiones undeunde eruere et extricare satagitis: frustra omnes operam teritis, nisi nodos illos animadversione hac rescinditis et diversis modis scripta reputatis, quia ex diversis autoribus exscripta et translata sunt. — Carpzov, introductio ad libros bibl. V. T. P. I. p. 61 sq. entgegnet: aus jenen Verwirrungen folge doch gar nichts gegen die mosaische Abfassung, sondern höchstens, dass Moses hier eben verworren erzähle.

Sehr fein, indessen Moses erzählt sonst keineswegs verworren; auch ist damit die Schwierigkeit noch nicht gelöst, die Widersprüche, die unvereinbaren Dinge sind in dieser Entgegnung schlau umgangen.

Warum aber, so fragt unser Verfasser weiter: hat Gott sich nur so andeutend und geheimnissvoll offenbart? Warum so dunkel zu den Menschenkindern geredet? Warum sind diese Reden noch dunkler aufgeschrieben? Warum die autographa verloren gegangen und nur apographa auf uns gekommen? Als rechter Kritiker antwortet er hierauf: nil ad me istud: quare Deus voluerit, dum mihi constet Deum voluisse. — Es ist unmöglich alle Dunkelheiten der heiligen Schrift aufzuhellen, eine klare Erkenntniss vom Ursprunge der Welt, von den Prophezeihungen und dergleichen zu gewinnen. — Aber hinter jenen Dunkelheiten wohnt die Sonne des göttlichen Geistes, deren Strahlen trotz aller Nebel zu uns durchdringen. Obwol wir die Aussprüche Gottes in einer Gestalt haben, an welcher mancherlei Veränderungen des Ursprünglichen zu spüren sind, so kann man letzteres doch noch herauserkennen. Er masse sich nicht an, schliesst der Verfasser, dies echt theologische exposé alles aufklären zu wollen, aber so viel Vernunft wie jedem Menschen, so viel Geist wie jedem Christen, sei auch ihm gegeben und damit wolle er es versuchen. In der That ich wüsste nicht, inwiefern sich diese beachtenswerthen Grundgedanken von dem unterschieden, was in neuester Zeit erst wieder von Hupfeld in der Abhandlung über Begriff und Methode der sogenannten biblischen Einleitung, Marburg 1844, S. 18 ff. aufgestellt worden ist.

Was sagt nun aber dem Verfasser seine Vernunft, was enthüllt ihm sein Geist? Welche positive Construction des Sachverhalts giebt er? — Er sei überzeugt, sagt er, dass Moses die Geschichte des Auszugs, der Gesetzgebung, der vierzigjährigen Wanderung geschrieben habe. Auch die ältere Geschichte, die prima Judaeorum monimenta et rerum creationem primam habe er lectura vetustiorum codicum kennen gelernt. Denn dass die Hebräer vor Mose Kenntniss der Schrift gehabt und Annalen ihrer Geschichte geschrieben hätten sei unzweifelhaft. — Die ursprünglich mosaische Darstellung der Schöpfung wie der älteren Geschichte sei wol ausführlicher gewesen, die jetzige durch die Abschreiber abgekürzt. Warum das, fragen wir befremdet? — Die Antwort lautet wegen der „Präadamiten". — Dies ist der Tollpunkt unseres Verfassers. Nachdem er bisher wenngleich sehr disputables so doch leidlich Verständiges vorgebracht hat, fängt er nun an zu träumen und zu faseln. — Es sei anzunehmen meint er l. V., dass die erste Menschenschöpfung lange vor Adams Zeit stattgefunden habe. Dass diese in der Genesis nicht erwähnt werde, sei kein Grund dagegen, es genüge, dass die Genesis dem nicht ausdrücklich widerspreche. Die Genesis gebe überhaupt blos Geschichte der Juden (auch Genes. 10 macht ihn nicht irre, l. IV. c. 9 weist er auf seine Art nach, dass hier nur eine Stammtafel jüdischer Völker vorliege) Adam sei Stammvater derselben, um die Menschen vor Adam kümmere sich Mose nicht, da er eben nur jüdische Geschichte schreibe. Von diesen Präadamiten stammen die Heiden ab. — Man habe gegen seine Ansicht nur deshalb Bedenken, weil man meine, der Mangel der Abstammung von Adam löse die Theilname an der Erbsünde auf. Allein die Juden seien Stellvertreter der ganzen Menschheit gewesen und wie in Adam alle Juden gesündigt hätten, so auch in diesen wieder alle andern Menschen. Dies sei das mysterium damnationis et salutis. — Adams Zurechnung fand nicht Statt propagatione naturali sondern ratione mere spiritali. Sie wirke vor- und rückwärts ganz wie das Heil Christi. — Wir wollen diese dogmatischen und ethnologischen Anschauungen auf sich beruhen lassen; nur bemerken, dass Hugo Grotius sich seiner Zeit dagegen erhob und ausführte, dass die Amerikaner nicht von den Präadamiten, sondern von den über Island nach Grönland gekommenen Norwegern abzuleiten seien, dabei aber nur vergass zwei sehr wichtige Punkte zu erweisen, nämlich dass erstens die Norweger damals die Küste Amerika's unbewohnt fanden und zweitens, dass die Grönländer in der That von den Norwegern abstammten! —

Sehen wir zurück auf das was Peyrerius dieser parens infaustae prolis Praeadamitarum (wie ihn Carpzov nennt) an das Licht gebracht hat: so ergiebt sich, dass so kritisch frei er sich bewegt er doch einen gewissen Ausgleich mit den Formen kirchlicher Dogmatik sucht und ferner in so seltsame Träume er sich auch bei seinen positiven Ausführungen verliert, dass er doch einen feinen und sichern kritischen Tact in der Auffindung des Unvereinbaren verräth. In Bezug auf die Pentateuchkritik hat er die Hauptsachen eher als seine kritischen Zeitgenossen aufgestellt. Aus diesen sind als die hier zunächst in Betracht kommenden anzuführen ein Paar Philosophen, deren Systeme Haevernick (allgem. Einl. in das A. T., Frankfurt a/M. und Erlangen 1854, p. 12) „schlechte" nennt. Der Leser wird erstaunen, wenn er hört, dass eins dieser „schlechten" Systeme das des Spinoza war! — Indessen was kümmert uns die Philosophie dieser Männer, wir fragen nach ihrer Kritik.

Der erste der beiden zu erwähnenden Philosophen ist der anderweit bekannte Naturrechtslehrer Hobbes. In seinem Hauptwerk Leviathan, das 1670 erschien, handelt der dritte Theil „de civitate Christiana," und das 33. Capitel desselben beschäftigt sich auf ungefähr 3 Quartseiten mit der Kritik des A. T. Man muss aber sagen, dass jenes Ungeheuer auf diesem Gebiete sich als wenig gefährlich erweist. Es sind dürftige abgerissene Notizen, die der Verfasser giebt, die den Pentateuch betreffenden zum grössten Theil aus Peyrerius entlehnt, die übrigen, wie sich hernach ergeben wird, gänzlich mit dem zusammentreffend, was sich in Spinoza's gleichzeitigem Werke findet, so dass man auch hier zumal bei der Aehnlichkeit des Ausdrucks an einigen Stellen Abhängigkeit annehmen möchte. —

Das umgekehrte Verhältniss ist Huetius geneigt zu vermuthen, l. c. p. 186. Allein 1) ist Spinozas Kritik doch eine viel eindringendere und besser begründete als die des Hobbes, 2) sind ihre Anfänge in der ersten seiner unten zu erwähnenden Schriften schon vorhanden und 3) zeigt ja Spinoza selbst, dass er sich an Aben-Esra anschliesst.

Den kräftigsten und nachhaltigsten Anstoss gab Spinoza der kritischen Bewegung. In einer anonymen in spanischer Sprache verfassten Schrift[1] legte er die Gründe dar, welche ihn zum Austritt aus der Synagoge bewogen hatten, unter diesen seine von der des Judenthums abweichende Auffassung des A. T. Ausführlicher und im Zusammenhange mit seiner dogmatischen Grundanschauung von der Inspiration entwickelte er seine kritischen und hermeneutischen Prinzipien in seinem gleichfalls anonym im Jahre 1670 zu Hamburg bei Heinrich Künrath erschienenen tractatus theologico-politicus continens dissertationes aliquot quibus ostenditur libertatem philosophandi non tantum salva pietate et reipublicae pace posse concedi sed eandem nisi cum pace rei publicae ipsaque pietate tolli non posse." Das Verhältniss dieser Schrift zu der vorhin erwähnten hat Salom. von Til in seinem atrium gentium omnibus infidelibus apertum besprochen. Für uns sind diese Untersuchungen ohne Werth, da von beiden Werken nunmehr der Schleier der Anonymität hinweggezogen ist und das letzte alle hergehörigen Fragen in einer Vollständigkeit bespricht, die für uns die erstere Schrift durchaus überflüssig erscheinen lässt.

Wir geben nunmehr die Grundzüge der alttestamentlichen Kritik und Hermeneutik Spinoza's, wie sie im tractatus theologico-politicus vorliegen; zugleich fügen wir eine Uebersicht der Beurtheilungen hinzu, welche dieselbe zu ihrer Zeit erfuhr, um schliesslich zu einer

---

[1] Hernach ins Lateinische übersetzt: „apologia pro Spinozae a judaismo apostasia."

Feststellung dessen zu gelangen, was in ihr überhaupt Haltbares sich findet und worin ihr dauerndes Verdienst begründet liegt.

A. Kritik.

Die Kritik ist dem Spinoza die nothwendige Grundlage der Auslegung der heil. Schrift weshalb er auch die allgemeinen Grundzüge ihres Verfahrens, sowie ihrer Gegenstände in dem 7. Capitel seines tractatus theologico-politicus giebt, welches de interpretatione scripturae überschrieben ist. — Der oberste Grundsatz, von welchem er ausgeht, ist dieser: „die heilige Schrift ist das Wort Gottes, welches uns den Weg des Heils lehrt." Daraus geht ihm Folgendes hervor. Zunächst entsteht die Frage: „was ist denn heilige Schrift, d. h. welche Bücher gehören in sie hinein und welche nicht?" Wir müssen uns doch vorsehen, „ne caeco impetu correpti quicquid nobis obtruditur, sed tantum id quod certum et indubitatum est amplectamur." Es ist also zu untersuchen, wie die Bücher, die uns als heilige in der biblischen Sammlung vorliegen, entstanden und zusammengekommen sind. Die Darstellung der Resultate dieser Untersuchungen fasst schon Spinoza unter der neuerdings wieder geltend gemachten Bezeichnung einer Geschichte der Bücher des alten Testaments (l. c. c. 10 extr. c. 7 p. 95) auf und er versteht sonach unter Kritik ein Doppeltes 1) die Untersuchung des geschichtlichen Sachverhalts selbst und 2) die zusammenfassende Darstellung der Resultate eben dieser Untersuchung. — Als Gesichtspunkte, auf welche die Kritik hier zu achten hat, werden von Spinoza folgende angegeben:

1) bei jedem einzelnen Buche ist zu ermitteln: wer ist sein Verfasser, welches sind die Lebensumstände desselben, zu welcher Zeit und in welcher Veranlassung schrieb er das vorliegende Buch. Dies wäre also die Geschichte der Entstehung der einzelnen Bücher. Er bemerkt in Beziehung hierauf gleich im Voraus (c. 7 p. 95), dass wir über diese Fragen in vielen Fällen beim A. T. kaum eine Antwort haben.

2) ist festzustellen, welche Gestalt hatten die einzelnen Bücher bei ihrem ersten Erscheinen, in welche Hände kamen sie alsdann, was sind für Verschiedenheiten der Lesarten zu bemerken. — Dies würde also „Kritik und Geschichte des Textes" sein, die auch zu prüfen hätte, ob derselbe nicht irgendwo absichtlich verfälscht sei oder ob sich Irrthümer eingeschlichen haben. — Hierbei schickt Spinoza ebenfalls die Bemerkung voraus, dass wir bei vielen Büchern des A. T. in dieser Beziehung im Finstern tappen, dass wir besonders auch nicht wüssten, in was für Exemplaren die variae lectiones gestanden hätten und ob es nicht früher noch mehrere und andere Lesarten gegeben habe.

3) fragt es sich bei jedem Buche, von wem und wann ist es in die Sammlung der heiligen Bücher aufgenommen. Wann ist überhaupt und wie diese Sammlung entstanden? — Darin hätten wir eine „Kritik und Geschichte des Canons."

Sehen wir von der Geschichte der Auslegung ab, die ja erst in neuerer Zeit in den Kreis dieser Untersuchungen gezogen zu werden anfängt, und von der Kritik und Geschichte der

Uebersetzungen, von der Spinoza nichts erwähnt, so finden wir dass die hauptsächlichsten Aufgaben, an denen die Kritik fort und fort arbeitet, in voller Klarheit bereits von Spinoza und in dieser Vollständigkeit von ihm zuerst erkannt und abgegrenzt worden sind. — Er war es auch, der die Wichtigkeit und Nothwendigkeit solcher Untersuchungen seiner Zeit lebhaft an das Herz legte. Es ist um so nötiger, sagt er, solche Forschungen anzustellen, als die Alten sie gänzlich vernachlässigt haben, oder wenigstens uns ihre Arbeiten hierüber verloren gegangen sind. Freilich fehlt uns eben dadurch ein grosser Theil der notwendigsten Grundlagen für unsere Forschung. Aber gerade, weil dieser Umstand von Spätern vielfach benutzt ist, um die ungegründetsten Meinungen über diese Fragen für sichere Wahrheit auszugeben, und weil sich über die einzelnen Bücher der heiligen Schrift und deren Verfasser die verkehrtesten Vorurtheile festgesetzt haben, — grade deshalb ist es dringend nötig, den wahren Sachverhalt so viel als möglich zu ermitteln. (l. c. c VIII. p. 103 f.)

Ueberblicken wir nunmehr nach den oben aufgestellten Gesichtspunkten die Ergebnisse der alttestamentlichen Kritik des Spinoza. — Wir wenden uns also zunächst zu seinen Ansichten über die Entstehung der einzelnen Bücher.

Beim Pentateuch tritt zuerst die Frage nach der mosaischen Abfassung hervor. Letztere, sagt Spinoza, sei bisher mit einem gewissen Terrorismus behauptet worden, weshalb Aben-Esra in seinem Commentar zum Pentateuch seine Zweifel nur sehr verhüllt aber doch für einen jeden klar Sehenden deutlich genug ausgesprochen habe.

Die Stelle, auf welche sich hier Spinoza bezieht, findet sich in Aben-Esra's Commentar zum Pentateuch Deut. 1, und lautet dort folgendermassen:

בעבר הירדן וגו ואם תבין סוד השנים עשר גם ויכתוב משה והכנעני או בארץ
בהר יהוה יראה גם הנה ערשו ערש ברזל תבין האמת

„Jenseits des Jordans (in der Wüste im Gefild). Und wenn du beachtest das Geheimniss der zwölf, auch es schrieb Mose und der Cananiter war damals im Lande, auf dem Berge Gottes wird es geschaut, auch und siehe sein Bettstell war ein eisernes Bett, so wirst du die Wahrheit erkennen. —

Dass Spinoza aus den hier angeführten Worten Aben-Esra's zu viel gefolgert habe, ist bereits von ältern Kritikern bemerkt worden. Spanhemius histor. ecclesiast. Vet. test. (Opp. edit. Lugd. Batav. 1701) pag. 263 sagt: „haec sane et si quae alia id genus . . . . . censuerit Aben-Esra fuisse post Mosem adjecta (quamquam mentem suam Judaeus non explicuerit) non eo negavit Pentateuchi totius vel auctoritatem vel antiquitatem. Ebenso weist Wolf, biblioth. hebr. Vol. I extr. darauf hin, dass selbst, wenn man die Auslegung Spinoza's hier als richtig zugebe, doch weiter nichts folge als dass Aben-Esra einige Verse des Pentateuch für nicht mosaisch gehalten habe. —

Neuerdings hat nun auch Maier in einer Abhandlung (betitelt: „Aben-Esra's Meinung über den Verfasser des Pentateuch." Theol. Studien und Kritiken. 1832. 3. Heft) pag. 639 ff. zu zeigen gesucht, dass Aben-Esra im Grossen und Ganzen den Pentateuch für mosaisch hielt, aber einzelne später interpolirte Stellen annahm und hat diesen Nachweis besonders auf die Exegese gestützt, welche jener zu Stellen wie Exod. 20, 1. Deut. 31, 22. 11, 30 u. dergl. giebt.

Dass Aben-Esra die Aufzeichnung des Pentateuch im Ganzen für ein Werk Moses hielt, ist zunächst ausser allem Zweifel. Stellen wie Exod. 24, 4 wo er zu ויכתוב bemerkt:

אחר שכפר להם כל דברי השם המצות והמשפטים כתבם וזהו ספר הברית

und Deut. 31, 22, wo er bei ביום ההוא sagt:

ויתכן שהיה יום מותו אחר מכתב דברי התורה כיהשירה כתב משה עמה

(er schrieb das Lied zugleich mit dem Gesetz auf)
zeigen dies ganz deutlich. — Auch solche Stellen, in denen von Mose wie von einem Fremden erzählt wird, oder wo ihm überschwängliche Prädikate beigelegt werden oder ein Vergleich zwischen ihm und späteren Profeten gezogen wird, machen diesen Ausleger in jener Meinung nicht wankend. Bei Stellen wie Deut. 33, 1 Num. 12, 3. ibid. v. 7. 8 spricht er nicht im Mindesten ein Bedenken darüber aus, ob dies wohl von Mose selbst geschrieben werden konnte.[1]
— Als besonders charakteristisch für Aben-Esra's Stellung zur Frage nach der Authentie des Pentateuch führt Maier eine Aeusserung desselben zu Genes 36, 31 ff. an, wo er auf ein en gewissen „Jizchak" losfährt, der sich erdreistet hatte zu behaupten, die erwähnte Stelle sei erst in den Tagen Josaphat's geschrieben worden.

Was nun zunächst diesen Jizchak betrifft, so meint Maier es sei darunter „Isaac ben Jasos zu verstehen, ein Gelehrter des 11. Jahrhunderts, von dem Wolf bibl. hebr. I p. 662 nur eine grammatische Schrift erwähne den Sefer Hazrufim, der aber, wie aus den Citaten der Rabbinen hervorgehe, auch Commentare über die heilige Schrift verfasst habe."[2] —

Es ist wohl offenbar, dass Maier hier seinen Mann im Finstern sucht. So viel nur ist richtig, dass er Isaac heisst. Im Uebrigen ist es der als Arzt, Philosoph und hebräischer Grammatiker bekannte Isaac ben Suleiman gest. 940 auch Isaac Israeli genannt (vgl. über ihn Graetz, Geschichte der Juden, Bd. V pag. 282—285, wo seine medicinischen Schriften angeführt

---

[1] Auch gehört hierher Deut. 11, 30.

מזל גלגל כמו וירדוף ער דן או דרך נבואה או שני שמות

[2] Diese Ausführung hat dann Aufnahme gefunden in verbreiteten Handbüchern der alttestamentlichen Einleitung. Vgl. Haevernick-Keil specielle Einl. in den Pent., p. 570, de Wette, Einl. in das A. T., p. 227.

werden). — Ben Jasos? — Er führte den Beinamen חישיש = decrepitus, senex. — Aben Esra erwähnt in der Einleitung zu seinem Pentateuchcommentar, wo er die 5 verschiedenen Wege der Auslegung bespricht, unter der ersten Gattung derjenigen Ausleger, welche sich weitläufig über jedes Wort verbreiteten, viel Digressionen machten und allerlei aus den Gebieten der Philosophie und Mathematik einschalteten, auch den Rab Jizchak, der 2 Bücher verfasst habe von Bereschith — vajekullu (also über Genes. c. 1), aber gleichwohl nicht fertig geworden sei wegen der Menge der Worte. Er spricht sich sehr ungünstig über ihn aus, sagt von ihm a. a. O. הולך בחסך ולא הכיר, ferner er bringe fremdartige Weisheit nach Art der חכמי הספירות. — Zu Genes. 36, 31 sagt er von jenem: „mit Recht heisse er Jizchak, denn wer seine Auslegung höre, der müsse über ihn lachen, „sein Buch sei werth verbrannt zu werden", ad v. 32 nennt er ihn einen „Verwirrer," מבחיל, weil er den Jobab, Sohn Serach's zusammenwerfe mit Hiob.

Die Kühnheit der Jizchaki'schen Kritik anlangend wollen wir nur folgendes bemerken: Damit dass er die citirte Stelle einer so späten Zeit zuweist, ist noch nicht erwiesen, dass er habe sagen wollen, die Redaction des Pentateuch sei nicht von Mose vollzogen sondern erst zu Josaphats Zeit abgeschlossen. Er nimmt hier nur eine sehr späte Interpolation an.

Aus alle dem geht nun aber in Bezug auf Aben-Esra so viel hervor, dass er den Pentateuch als Moses Werk ansah und nicht im Mindesten den Lobspruch des Spinoza verdient, er sei ein vir liberioris ingenii gewesen. Die bei ihm sich häufig findenden Ausdrücke und Wendungen: „der Kundige schweige" „es ist ein Geheimniss darin", „wenn du dies oder das beachtest, so wirst du die Wahrheit erkennen" haben Spinoza verleitet zu viel dahinter zu suchen. Aben-Esra war allerdings ein zu klarer Kopf, um nicht zu sehen, dass in den angeführten Stellen ein Anstoss liege, aber er war andrerseits auch ein zu fanatischer Anhänger der talmudischen Tradition, um eine Erklärung zuzulassen, welche gegen dieselbe verstiess. Und daher sagt er eben nichts darüber, wie der Anstoss zu beseitigen sei; er deutet zwar an, dass einer statt finde, scheint sich aber mit der Auskunft יש לי סוד begnügt zu haben. Weder eine unmosaische Abfassung des Pentateuch nach Annahme interpolirter Stellen lässt sich mit Sicherheit aus seinen Aeusserungen entnehmen. — So widerspruchsvoll sein Wesen auch sonst erscheinen mag: dass jemand zu gleicher Zeit ein fanatischer Vertheidiger der Tradition gewesen sein und dann wieder sich selbst auf das Kühnste über sie hinweggesetzt haben soll, scheint uns eine psychologische Unmöglichkeit zu sein.

Und so würde es denn dabei bleiben, dass die ersten Zweifel an der mosaischen Abfassung wie an der Integrität des Pentateuch von dem oben erwähnten Le Peyrère geäussert worden sind. Ihnen schloss sich Hobbes an l. c. „videtur Pentateuchus potius de Mose quam a Mose scriptus" und in sorgfältigerer Begründung seiner Ansichten Spinoza,[1] dessen einzelne Beweisgründe wir nunmehr verfolgen wollen. —

---

[1] In der Philosophie hatte übrigens Spinoza einen jüdischen Vorgänger an R. Levi ben Gersom, der

Er beobachtet zunächst die Reihenfolge, welche in der citirten Stelle Aben-Esra's vorliegt.
1. Deut. 1, 5 בעבר הירדן setze einen diesseitigen Standpunkt voraus, den Moses nicht hatte.
2. das mysterium duodecim. סוד השנים עשר. Spinoza legt dies verschieden aus: a) Nach der rabbinischen Annahme bestand der Altar aus 12 Steinen; nun solle nach Deut. 27, 2 ff. und Jos. 8, 37 das ganze Gesetz auf den Umfang des Altars geschrieben werden, woraus hervorgehe, dass das Gesetz Mose's nicht gleichbedeutend mit dem Pentateuch sei, denn dieser könne unmöglich auf jenen Raum gebracht werden." Dass dies Aben-Esra's Meinung nicht war, ergiebt sich aus seiner Aeusserung zu Deut. 27, 1 wo er der Ansicht des Saadia beistimmt, dass hier nur ein Auszug des Gesetzes gemeint sei vgl. Maier a. a. O. p. 636.; b) es seien vielleicht die 12 Flüche Deut. 27, 14 ff. zu verstehen oder c) es gehe auf Deut. 34, welches Capitel in 12 Versen den Tod des Mose erzählt. — Letztere Auslegung ist die einfachste und wahrscheinlichste, auch Maier a. a. O. p. 637 billigt sie unter Hinweis auf Aben-Esra zu Deut. 34., 5 wo letzterer zeigt, dass hier Umstände erwähnt werden die Josua in profetischem Geiste niederschrieb.

Auch Pirusch al Aben-Esra versteht es so, da heisst es ad h. v.

הנה כור י"ב הם י"ב פסוקים מפסוק ויעל משה עד כוף הספר

---

als Aristoteliker an der Ewigkeit der Welt festhielt und die Profetie als eine natürliche Gabe erklärte (vgl. Spinoza tractat. theol. polit. cl. p. 13 . .) Das Werk des Gersonides Milchamoth ha schem ward von einigen deshalb ספר מלחמות עם השם liber bellorum contra Deum genannt.

Kürzlich hat Dr. Joel in einer sehr lesenswerthen Abhandlung noch auf einen andern jüdischen Religionsphilosophen aufmerksam gemacht, in dessen Systeme sich bereits die eigentümlichen Grundgedanken des Spinoza vorfinden. Es ist Don Chasdai Creskas aus Barcelona um das 14. Jh. blühend (vergl. Joel, Don Chasdai Creskas religionsphilosophische Lehren in ihrem geschichtlichen Einflusse dargestellt. Breslau 1866 S. 3 ff). Das Gemeinsame beider Philosophen bestand nach Joel in ihrem Gegensatze gegen Aristoteles und Maimonides, in dem Zusammentreffen ihrer Anschauungen von Dasein, Einheit und Unkörperlichkeit Gottes, und in ihrer Auffassung von der Seligkeit Gottes als dem Bewusstsein seiner eignen Vollkommenheit. Auch darin stimmen sie überein, dass sie die Allmacht Gottes nicht als ein Vermögen auch das Vernunftwidrige zu vollbringen gefasst wissen wollen. Auch die Profetie fasst Chasdai wie Spinoza als etwas die Grenzen des Naturgesetzes nicht überschreitendes. Besonders wichtig aber erscheint p. 46 der Nachweis, dass Spinoza's Behauptung, die menschliche Freiheit sei unvereinbar mit dem göttlichen Vorherwissen und Vorherbestimmen und daher zu leugnen — sich bereits bei Chasdai findet und aus diesem von Spinoza entlehnt worden ist. — Auch darin stimmen beide überein, dass sie die Weltschöpfung als etwas notwendig aus der Natur Gottes Hervorgehendes auffassen (l. c. p. 637), sowie dass sie den göttlichen Willen in derselben Weise zusammenfallen lassen mit der Erkenntniss Gottes (p. 71). Besonders interessant ist aber, dass der Cardinalpunkt des spinozistischen Systems: „die Anschauung, dass die göttliche Substanz als ein Doppeltes gefasst werden könne, einmal unter dem Gesichtspunkte des Denkens, dann unter der der Ausdehnung, wodurch also auch die Körperlichkeit in das Wesen Gottes mit eingeschlossen wird — dass dieser Cardinalpunkt sich bereits bei Chasdai findet (p. 66 ff.).

Eine merkwürdige Ironie des Schicksals liegt darin, dass ein Mann, dessen ganzes Absehen darauf gerichtet war, zu zeigen, die Wahrheit sei nicht aus der Philosophie zu holen, sondern befinde sich bei der jüdischen Tradition, die Grundlage legen musste für das System des Philosophen, der weder in der Synagoge noch in der Kirche Platz finden konnte, sondern sich in sein eigenes Reich zurückzuziehen genötigt ward.

3) Deut. 31, 9 ויכתוב משה את התורה deute auf einen andern Verfasser, der von Mose erzähle; wozu Spinoza noch die Formeln hinzufügt (c. VIII p. 107) „Deus cum Mose locutus est, Deus loquebatur cum Mose de facie ad faciem, Moses omnium hominum erat humillimus (Num 12, 3) Moses ira captus est in duces exercitus (Num 31, 14) Moses vir divinus (Deut. 33, 1) Moses servus Dei mortuus est, numquam extitit profeta in Israel sicut Moses. Der ganze modus loquendi et ipse totius historiae contextus zeige deutlich, dass diese Bücher nicht von Mose geschrieben seien.

4) Genes. 12, 6. damals (אז) aus der Cananiter im Lande, deute klar auf die nachmosaische Zeit, in der die Cananiter vertrieben waren.

5) Genes. 22, 14 werde der Moria Berg Gottes genannt, ein Name den er doch erst nach Erbauung des Tempels erhalten habe könne. — Hierzu fügt Spinoza noch als nachmosaischen Ortsnamen „Dan" Genes. 14, 14, der nach Richt. 18, 29 erst nach Josua aufkam.

6) Deut. 3, 11 werde vom eisernen Bette Og's berichtet, wie von einer Antiquität. Spinoza will mit Beziehung auf 2. Sam. 12, 30 dies als Hindeutung auf nachdavidische Zeit fassen. —

Zu diesen Beweismitteln bringt Spinoza noch folgende nur zum Theil neue hinzu: a) Deut. 3, 14 werde der v. 13 gewälte Ausdruck „Gegend Argob" durch den bekannteren „Jairs Auen" erklärt. Dies deute auf spätere Zeit (vgl. Peyrere o. p. 5). b) weise auf spätere Zeit die Erzälung von Mose's Tod, Begräbniss und der 30tägigen Trauer, besonders aber das Wort, es erstand kein Profet wieder in Israel wie Mose, worin eine Vergleichung des Mose mit späteren Profeten liege, die den Verlauf mehrerer Jahrhunderte voraussetze. — c) die Hinausführung der Geschichte über die Zeit Mose's. Exod 16, 34, die Israeliten assen das Man 40 Jahre bis zur Zeit ihrer Ankunft in das heilige Land vgl. Jos. 5, 12. — Ebenso Genes. 36, 31 ein edomitisches Königsverzeichniss, das bis auf David's Zeit gehe. vgl. 2. Sam. 8, 14. —

Eine Anzal der wichtigsten Punkte die Anstoss erregen, ist in dem Gegebenen aufgestellt, obwol natürlich die Forschung noch an Vollständigkeit des Materials gewinnen musste, um eine nähere Erkenntniss vom Verhältniss des Mose zum ganzen Gesetzeswerke, sowie die allmäliche Entwicklung des letztern unter gegebnen geschichtlichen Bedingungen zu begreifen und die Quellen zu entdecken, aus denen die geschichtlichen und gesetzlichen Stücke des Pentateuch geflossen sind. —

Doch sehen wir uns erst danach um, was die Apologeten dem entgegensetzten:

1) בעבר הירדן sagt Carpzov, introductio ad libros Canonicos bibliorum V. T. (edit. II. Lips. 1731) P. I. p 136 bedeute „in transitu" am Punkte des Ueberganges, was sprachlich unmöglich und gegen den Gebrauch des A. T. ist. — Eine für seine Zeit recht gute Bemerkung macht Huetius, demonstratio evangelica Propos. IV. c 14. (edit. VI. Frankfurt 1722) p. 180, indem er die Stelle Genes. 50, 11 anführt, wo die Tenne Atad als בעבר הירדן liegend bezeichnet wird, was doch hier offenbar bedeuten müsse „diesseits des Jordans" und so sei es demnach auch Deut. 1, 5 zu fassen. — Allerdings ist diese Stelle höchst auffallend. Das bekannte Atad

liegt diesseits des Jordans, andrerseits kann בע״ה niemals etwas anderes bedeuten als „jenseits des Jordans". Die wahrscheinlichste Auskunft bleibt hier, der Verfasser habe vom Standpunkte des Trauerzuges aus geredet. — Auch die Geschicklichkeit der neuesten Apologetik hat über diesen Stein des Anstosses nicht hinwegzusetzen vermocht. Dass die Formel „jenseits des Jordans im Lande Moab begann Mose dies Gesetz auszulegen" einen späteren Standpunkt verrathe, wird sich auch durch die raffinirtesten Deutungskünste nicht beseitigen lassen.

2) Das Geheimniss der Zwölf hat den guten Huetius so verwirrt gemacht, dass er den Spinoza für die Unklarheit der Aeusserungen Aben-Esra's verantwortlich macht. So sagt er: l. c. p. 180 ex hac opinionum varietate et inconstantia conclusionis apparet fulilitas. Er hält es für möglich, dass das ganze Deuteronomium auf den Steinen des Altars gestanden habe, findet Spinoza's Vermuthung von den 12 Flüchen über alle Massen lächerlich, als ob dergleichen bei den Rabbinen etwas Undenkbares sei und will die letzte Erklärung von Deut. 34 damit abweisen, dass die Versabtheilung diu post Urbis excidium gemacht sei, als ob dies den Aben-Esra, dem letztere doch jedenfalls im 12. Jh. vorlag hätte verhindern können das 34te Capitel des Deut. danach zu bezeichnen.

Es thut doch Noth dergleichen bisweilen an das Licht zu ziehen, um das Gerede gewisser Apologeten von den gediegenen Forschungen, mit denen die Alten den leichtfertigen Einwürfen der Kritiker entgegengetreten seien, auf das rechte Mass zurückzuführen.

Was die Sache betrifft so gesteht selbst Carpzov l. c. P. I. p. 137 ein, dass es wahrscheinlicher sei c. 34 des Deut. sei nicht von Mose sondern ab autore alio aeque tamen θεοπνεύστῳ etwa von Josua oder Eleazar oder vielleicht Samuel oder Esra verfasst. „Auch Haevernick"[1]) spezielle Einl. in den Pentateuch p. 488 nennt dies eine „gesunde Kritik" — und man muss zugeben, dass der Gedanke jemand habe den Bericht seines Todes nicht selbst geschrieben in der That „sehr gesund" zu nennen ist.

3) Die Stellen in denen von Mose wie von einem Fremden geredet wird, werden schon von Huetius l. c. p. 183 mit dem Hinweis auf das Beispiel: Caesars, Xenophons, des Josephus u. a. zu rechtfertigen gesucht. — Auch die Stellen, wo Moses eine Selbstkritik giebt, sich den „sanftmüthigsten" nennt, seine einzige hervorragende Bedeutung in das Licht stellt und ähnl., verlieren ihm ihren Anstoss infolge der Reflexion Gregors des Grossen: moris sripturae sacrae est, ut ipsi qui scribunt sic de se in illa quasi de aliis loquantur. — Dass über diese Weisheit auch die neuesten Apologeten noch nicht hinausgekommen sind, kann man bei Haevernick. a. a. O. p. 28 f. und bei Hengstenberg Beiträge I, S. 227 ff. 3, S. 173, ff. lesen, wo von der Objectivität mit der die Männer Gottes ihre Vorzüge wie ihre Fehler darstellen sehr salbungsvoll geredet wird.

4. In Bezug auf Genes. 12, 6 sagt Huetius l. c. p. 181a „sehr naiv, Spinoza ziehe die

---

[1]) Wir citiren der Kürze halber so, meinen aber die Bearbeitung des Werkes von Keil. Frankf. 1856.

Erklärung der Partikel אז in der Bedeutung „noch" vor quoniam „impietati" suae favet, nos quoniam veritati studemus in priore (bei der Bedeutung „schon") acquiescimus. Was also die Partikel אז an einer bestimmten Stelle zu bedeuten hat, hängt davon ab, ob man „gottlos" oder „wahrheitsliebend" sein will, je nachdem sucht jeder sich die Bedeutung aus, die ihm am besten gefällt! — Das von Haevernick (allgem. Einl. p. 14) sogenannte „Meisterstück protestantischer Wissenschaft" nämlich Capzov's introductio etc. entscheidet natürlich ebenso, macht aber dabei in seinem Eifer P. I p. 57 dem Aben-Esra den ungegründeten Vorwurf, er habe „malitiose" die Partikel אז mit der Partikel עוד vertauscht, während der unschuldige Rabbi bei der erwähnten Stelle auch die andere Erklärung zulässt und ausserdem gar nicht sagt, dass אז „noch" bedeute. — Selbst Delitzsch, Genes. I p. 342 gesteht übrigens zu, dass אז „auf eine spätere Aenderung des Standes der Dinge hinweise."

Und es ist kein Zweifel, dass eine Aeusserung wie diese: „damals war der Cananiter im Lande", von selbst den Gegensatz hervorruft: „jetzt ist das nicht mehr so" — also in eine spätere Zeit der Abfassung gehört. So schon ganz richtig Hobbes l. c. p. 177. „Quae verba esse non possunt nisi ejus qui tunc scripsit, quando in ea terra Chananeus non erat." —

5. Bei Genes. 22, 14. bestreiten Carpzov l. c. P. I. p. 57. Huetius l. c. p. 181ᵇ die Neuheit des Namens, derselbe könne meinen sie sehr wol von Abraham herrühren und habe seitdem am Tempelberge gehaftet.

Dass die geschichtliche Analogie die Tradition dieses Namens aus so alter Zeit durch Zeiten hindurch wo jenem Berge gar keine Bedeutung zukam im höchsten Grade zweifelhaft macht, wird Niemand leugnen können.

Hinsichtlich des Namens Dan wird Huetius l. c. p. 184 schwach, er giebt zu e limbo in contextum potuit intrudi vox „Dan"; oder vielleicht habe auch Esra Lais in Dan verändert; möglich sei es indessen, dass hier Dan als die 2te Jordanquelle zu fassen sei (Jordan aus Jor und dan!) bis zu welcher Abraham die Feinde verfolgt habe. Hieran hält Carpzov, der niemals schwach wird, l. c. p. 59, fest. Neuere halfen durch ein doppeltes Dan, als wenn dadurch dass dies nachgewiesen schon dargethan wäre, dass Abraham das 2te zum Ziel seiner Verfolgung nahm. —

6. Auf des Praeadamiten (vergl. o. S. 5) und Spinozas Bedenken hinsichtlich König Og's eiserner Bettstelle, äussert sich Huetius l. c. p. 182 wie folgt: „etsi Israelitarum magna pars Ogum ipsum vel vivum vel caesum spectaverit, complures tamen ex ingenti eorum numero spectaculo huic non interfuerunt: pueri senes feminae aegroti absentes"! — Sollte man sich wol nicht gleich nach der Schlacht allgemein den merkwürdig langen Herrn angesehen haben? — Und ferner was fast lustig zu lesen ist, sagt der Herr Bischof von Auranches um es erklärlich zu machen, dass sich Og's Bettstelle schon zu Mose's Zeiten in Rabbath-Ammon befand: es sei doch sehr wahrscheinlich, dass Og vor der Schlacht alle seine Kostbarkeiten, unter ihnen besagte Bettstelle zu den Ammonitern in Sicherheit gebracht habe! Oder vielleicht habe

sie Mose später den Ammonitern verkauft. Vermuthlich waren diese Freunde von Raritäten! — Und Carpzov l. c. P. I. p. 138 schreibt diese Albernheiten getreulich nach, spricht von der inutilis supellex, die Moses verkaufte, als hätten die israelitischen Finanzen damals einer dergleichen Nachhülfe bedurft. — So reden nicht Forscher, denen es um Ergründung der Wahrheit zu thun ist, sondern Sachwalter einer dogmatischen Theorie, die bereit sind, das Absurdeste zu sagen, sobald es mit der Theorie übereinstimmt. Wie man solchen Aeusserungen, wie die eben angeführten, gegenüber von Carpzov sagen kann: „er handhabt vortrefflich die Polemik und Apologetik gegen Spinoza u. a. (Haevernick allgem. Einl. p. 14) ist nur erklärlich — wenn man es ebenso „vortrefflich" macht! —

Merkwürdig ist, dass Haevernick p. 465 u. Hengstenb. Beitr. 3 S. 243 ff. ערש von einem „basaltenen Sarkophag" verstehen wollen, wie dergleichen viel in neuerer Zeit dort von Reisenden gefunden seien, da doch im Text ausdrücklich von einem ערש ברזל die Rede ist. Die Bedeutung „Sarkophag" für ערש ist aus dem Arabischen nicht unmittelbar nachzuweisen. عَرَشَ bedeutet 1. erbauen, 2. bedecken. عُرْش 1. etwas „Erbautes", ein Haus, Zelt, 2. auch eine Bedeckung eines Brunnens, ein Schutzdach gegen die Sonne. —

Im A. T. kommt aber ערש niemals anders vor als in dem Sinne „Bett", im Parallelismus zu מִטָּה so Amos 3, 12. 6, 4, Ps. 6, 7 oder zu מִשְׁכָּב so Ps. 132, 3. Prov 7, 16 (vgl. v. 17) Ps. 41, 4. Job. 7, 13.

Diese Bedeutung rührt wol her von der „Ueberdeckung", die man am Kopfende zum Schutz gegen die Insekten anbrachte. So 1 Sam. 19, 13. 16 das כְּבִיר עִזִּים Flechtwerk, Netz aus Ziegenhaar, und Judith 10, 21. 13, 9 u. a. das κωνωπεῖον des Holofernes. —

Auch das Chald. עַרְסָא hat stets die Bedeutung „Bett," die Bedeutung „Sarkophag" lässt sich nicht nachweisen, nur die einer „Bahre, eines Todtenbettes." So 2 Sam. 3, 31. בתר ערסא = hebr. אַחֲרֵי הַמִּטָּה

Huetius gesteht zu l. c. p. 183, in Bezug auf Deut. 3, 14, es sei hier ein Einschiebsel des Esra anzunehmen oder vielleicht Aufnahme eines Glossems in den Text. Auch Spanheim l. c. p. 266. — Einem Carpzov aber entschlüpfen dergleichen Geständnisse nicht. Ergone potior Peyrerio quam Mosi loquenti habenda fides erit schnaubt er den Gegner an?

Im 19. Jh. (wir müssen doch beiläufig einmal hinsehen) ist man in der Form artiger, aber die Sache hält man fest; Haevernick specielle Einl. p. 488 sagt: „Deut. 3, 14 geht auf ein Factum, was erst in der letzten Zeit des Moses vorfiel; aber offenbar konnte Moses so gut sagen, der Name Jairsdörfer entstanden in jener Zeit habe sich erhalten bis auf die Zeit, da er jene Nachricht aufzeichnete, als ein späterer sich so ausdrücken konnte." — Man begreift in der That nicht, wozu dieser ganz müssige Zusatz dienen sollte, der doch mit gleichem Recht eigentlich bei allen anderen Namen stehen müsste. Und bei einem Namen, der seit wenigen Jahren bestand, sollte Moses sagen: „dieser Name hat sich erhalten bis auf den heutigen Tag," als ob das so etwas Wunderbares wäre, wenn sich ein Landschaftsname ein Paar Jahre erhält!? —

Zu Exod. 16, 34 (s. o. p. 14. no. 6c) sagt der verworrene Huetius l. c. p. 185a entweder sei es eine Interpolation des Esra oder aus Mose's Profetie, welche ja die 40jährige Wanderung Israels voraus verkündigt habe, zu erklären. So auch Carpzov. P. I p. 83, der noch eine besondere Offenbarung annimmt, durch welche dem Mose gesagt sei, auch das Mannah werde 40 Jahr lang regnen. — Beide vergessen, dass hier im historischen Stil von einer vollendeten Thatsache geredet wird.

Genes. 36. Um dieser Stelle willen wollte Aben-Esra Jizchaki's Buch verbrannt haben, weil letzterer meinte dieselbe deute auf die Zeit des Königs Josafat. Huetius l. c. p. 185 sagt: Deo autore praenoverat futurum, ut aliquando reges sibi praeficerent Israelitae. Dergleichen komme viel im Pentatcuch vor, wer das läugne entreisse dem Mose nicht nur seine Bücher, sondern die facultas profetica. — Desgleichen Carpzov P. I. p. 58 fast mit denselben Worten: „videat Spinoza ne una cum libris ... etiam propheticum Mosi eripiat aut deneget lumen.¹)

Heidegger, excercitatt. bibl. IX § 25 p. 267 hilft damit, dass er annimmt, es seien die Könige von Esau bis Mose gemeint. — Allein darauf passt die Formel nicht: „ehe die Kinder Israel Könige hatten," welche doch offenbar auf die Richterperiode weist. — Spanheim rettet sich durch die Interpolationshypothese: l. c. p. 266.

Die Hypothese der Profetie vertheidigen unter den Neueren in Bezug auf die vorliegende Stelle: Haevernick, spec. Einl. p. 306. Hengstenb. Beitr. 3, S. 202 ff. Delitzsch. Genes. 2, p. 62. Seltsam ist es, wenn von dieser Seite mit grosser Bestimmtheit geltend gemacht wird (b. Delitzsch l. c. p. 63) „dass Israel ein Reich unter Königen seines Geschlechts zu werden bestimmt war", „und dass dies eine auf das Zeitalter Mose's vererbte Hoffnung gewesen sei" — während doch die erste Bildung der Theokratie ganz ausgesprochen republikanische Formen erhielt, von denen abzugeben der Profet auch später sich nur schwer und mit heftigem Unwillen entschliesst. Die ihm gewordene Gottesstimme sagt 1 Sam. 8, 7 „sie haben nicht dich, sondern mich verworfen," nämlich mit ihrem Verlangen nach einem Könige. Die ursprüngliche Anlage des Gottesreichs ist gestört, der Herzenshärtigkeit des Volkes wird nachgegeben und ein Neubau der Theokratie unter den veränderten Verhältnissen versucht, der hernach freilich unter David die kühnsten Hoffnungen übertraf, so dass seitdem allerdings die Vollendung der Theokratie immer unter dem Bilde eines Königreichs und einer glänzenden Herstellung Davidischer Zeiten geschaut ward. Die Stelle Genes. 35, 11 kann doch dies thatsächliche Verhältniss nicht umstossen, da sie blos die Macht und Grösse der von Jakob ausgehenden Nachkommenschaft in rhetorisch-poetischer Weise ausführt. — Wenn Haévernick „diesen göttlichen Erziehungsplan"

---

¹) Er beschwert sich Praefat. zu Pars III, dass seine katholischen Recensenten ihm gar keine Selbständigkeit neben Huetius zugeständen, woran sie gewiss Unrecht thaten; aber es fällt auf, dass er mehrfach an solchen Stellen den sonst oft erwähnten Huetius nicht citirt, wo er ihn fast wörtlich ausschreibt. —

(vgl. l. c. p. 307), wie er in der Geschichte Israels klar vorliegt, nicht „schnöde verkannt" hätte (um seine liebenswürdige Ausdrucksweise zu gebrauchen), so würde er sich wol gehütet haben, ihn mit unserm Capitel zu vermengen, in dem nichts von demselben zu finden ist.

Deut. 2, 12 hat Peyrer. falsch verstanden, wie Carpzov l. c. P. I, p. 138 ihm nachweist: „reclamat textus literae, quae Israelitas non in Idumaeorum ab illis exterminatorum loco sed in terra possessionis suae, quam ipsis Deus dedit vel occupatam cis Jordanem vel occupandam statim trans Jordanem habitare affirmat, ut adeo non loci identitas, sed occupandi et possidendi ratio ac modus idem innuatur." — Ohne allen Zweifel; indessen nöthigt uns doch, wenn wir uns auf den Standpunkt der mosaischen Abfassung des Pentateuch stellen, der Umstand, dass hier etwas Geschehenes berichtet wird, uns auf das „transjordanische Land" zu beschränken. Dass aber ארץ ירשה auch hier blos das letztere bezeichne, wird durch die von Haevernick spec. Einl. p. 33 angeführten Stellen keineswegs erwiesen.

Deut. 3, 20, wo Mose zu den westjordanischen Stämmen redet, muss natürlich die Formel „ihr sollt zurückkehren אִישׁ לִירֻשָּׁתוֹ jeder in sein Besitzthum" auf das Westjordanland gehn; und genau derselbe Fall liegt bei יְרֻשָּׁתְךָ in Jos. 1, 15 vor: aber wo wie hier ganz allgemein von der ארץ ירשה der Kinder Israel überhaupt die Rede ist, kann der Ausdruck unmöglich blos das Westjordanland bedeuten, sondern muss auf das „ganze Canaan" gehn und damit wäre die nachmosaische Abfassung der Stelle erwiesen.

Auf der andern Seite sucht Spinoza zu positiven Ergebnissen der Kritik zu gelangen, indem er die Andeutungen des Pentateuch über die von Mose verfassten Schriften verfolgt. Als solche glaubt er ansehen zu können: 1) Das Num. 21, 14 erwähnte „Buch der Kriege des Herrn," in welchem wie er meint nach Num. 33, 2 auch die Lagerplätze der Israeliten von Mose verzeichnet waren. — Sein Grund ist, dass Mose Exod. 17, 14 den Auftrag erhält den Krieg gegen Amalek zu beschreiben, was wol am passendsten in jenem Buche habe geschehen können. — Dinge, die alle sehr möglich, aber durch nichts erwiesen sind.

Mit Recht hält deshalb Huetius l. c. p. 185b dem Spinoza vor, es sei doch wunderbar, dass ein so argwöhnischer und vorsichtiger Mann, der nichts zulassen wolle nisi id quod ex Scriptura constat (tract. th. pol. c. 8), hier so vollkommen ungewisse Dinge annehme. Und nun erst Carpzov, wie kann er die schöne Gelegenheit vorübergehn lassen', einige Kraftausdrücke zu gebrauchen? l. c. P. I, p. 84 sagt er: „mira sane homo iste $\pi\alpha\varrho\varrho\eta\sigma\iota\alpha$ utitur cum petulantis ingenii figmenta tanquam ex tripode dicta omnibus credenda obtrudit, nullis licet argumentorum ponderibus firmata." —

Aber diese Züchtigung war in der That wolverdient, es zeigte hier die junge Kritik eine Unart, die bis heute noch nicht ganz vermieden ist: das Vermuthen in das Blaue hinein, das Aufstellen von Hypothesen aus dem Bereiche der tausend Möglichkeiten! Durch die Nachfolge auf diesem verlockenden Pfade ward später das Gebiet der alttestamentlichen Kritik mit einem Wust überladen, durch dessen Widerlegung seinen Urhebern eine unverdiente Ehre geschah. —

2) Als das 2te mosaische Buch giebt er „das Buch des Bundes" aus nach Exod. 24, 4. 7, das aber nur die Worte von c. 20, 22 bis c. 23, 33 enthalten haben soll. Spinoza erkannte, dass c. 20, 22 der Anfang einer andern Urkunde war, allein die Vermuthung, dass diese das „Bundesbuch" sei, beruhte auf Nichts. Haevernick l. c. p. 17, Hengstenb. Beitr. 3, S. 152 f. schliessen sich übrigens an diese Hypothese Spinoza's an, nur dass sie Exod. 20, 2—17 noch hinzufügen. Ist aber mehr erwiesen, als dass das „Bundesbuch" diese Abschnitte umfassen konnte? Woraus geht hervor, dass es sie „wirklich" umfasste?

3) Das 3te Buch des Mose soll „das Buch des Gesetzes Gottes" (ספר תורת אלהים) gewesen sein. Spinoza geht aus von Deut. 1, 5, nach welcher Stelle Mose seine Gesetze dem Volke noch einmal auslegte und letzteres nach c. 29, 14 auf's Neue darauf verpflichtete. Nach c. 31, 9 habe Mose diese Auslegung der früheren Gesetze aufgeschrieben und so sei der liber legis Dei entstanden, der den Priestern übergeben sei mit der Bestimmung, dem Volke von Zeit zu Zeit vorgelesen zu werden. Aus dem letztern Umstande gehe hervor, dass das Buch von bedeutend geringerem Umfange als der Pentateuch gewesen sein müsse. Später sei das Buch von Josua (Jos. c. 24, 25. 26) vermehrt worden, aber mit dieser Vermehrung alsdann verloren gegangen.[1]

Noch bis in die neueste Zeit dreht sich der Streit um diese wichtigen Stellen. Jedenfalls geht aus Exod. 17, 14 hervor, dass das Aufschreiben der Ereignisse damals etwas Besonderes und Seltenes war. Nicht, wie Haevernick spec. Einl. p. 17 meint, soll hier das Factum, „dass dem Herrn Krieg sein werde gegen Amalek" besonders hervorgehoben werden. In dem Falle müsste die Stelle lauten: כְּתֹב בְּסֵפֶר כִּי מָחֹה אֶמְחֶה אֵת זֵכֶר עֲמָלֵק וגו׳ wenn dieser Umstand den eigentlichen Inhalt des Geschriebenen bilden sollte, allein der Sinn der Stelle ist: „weil diese dauernde Feindschaft gegen Amalek nach göttlichem Willen bestehen soll, so soll Mose dies Ereigniss aufschreiben," während andere minder wichtige Ereignisse unaufgeschrieben blieben. — Der Schluss von der Punktation בַּסֵּפֶר auf eine bereits vorliegende Reihe der Aufzeichnungen ist ganz hinfällig, die traditionelle Punktation ist in nichts begründet und die Behauptung Haevernick's l. c. p. 16, dass בַּסֵּפֶר ein ganz überflüssiger Zusatz sein würde, ist fast lächerlich. Kann man denn nicht ebenso gut sagen: „schreibe dies in eine Rolle"? oder muss man stets sagen: „schreibe das auf"? Weil Exod. 24, 4. Num. 33, 2 כתב absolut gebraucht wird, deshalb soll es immer so gebraucht werden? Auch wenn der Sprachgebrauch כָּתַב בְּסֵפֶר nicht nachweisbar wäre, so müsste man ihn als selbstverständlich

---

[1] Aehnlich ist die Ansicht, die Hobbes, Leviathan P. III de civitate Christiana c. 33. p. 177, aufstellt: Ea sola scripsit Moses, quae a scriptore Pentateuchi scripsisse dicitur, nempe volumen legis Dei, quae habetur in Deuteronomio.... Volumen hoc scripsit ipse Moses tradidtque sacerdotibus, Senioribusque Israelis, Israelitis omnibus in festo Tabernaculorum septimo quoque anno recitandum.

annehmen. — Offenbar liegt er aber vor 1. Sam. 10, 25. Esth. 9, 32. Hiob 19, 23, wo die Rabbinen ebenso falsch בַּסֵפֶר punktiren (namentlich in der Hiob-Stelle wäre der Artikel ganz ohne Sinn): es ist gleichmässig in allen diesen Stellen die Lesung בְּסֵפֶר herzustellen.

Dass der liber legis Dei הַתּוֹרָה הַזֹּאת wovon Deut. 31, 9. 24 die Rede ist, sich auf die ganze Thora beziehe, haben Hengstenb. Beitr. 3, S. 157 ff., Haevernick l. c. p. 20 ff. durch Nichts erweisen können. Sie geben zu, dass dieser Ausdruck häufig blos auf das Deut. gehe, leugnen aber, dass dies immer der Fall sein müsse. Ist auch gar nicht nothwendig, aber wodurch wird erwiesen, dass der Ausdruck **hier** die **ganze** Thora bezeichnen **müsse**? Damit, dass im Deut. wichtige Gesetze fehlen! Nun dann erstreckt sich die Verpflichtung, welche hier auferlegt wird, eben blos auf die im Deut. enthaltenen Gesetze! Wenn die Gegner meinen: Mose hätte dann dem Volk ein höchst unvollständiges Gesetz übergeben, so ist zu sagen: es stand mehr darin, als sich an einem Laubhüttenfeste (V. 10) vorlesen liess.

Es ist unschwer zu erkennen, dass die Formel התורה הזאת eine sehr dehnbare ist. Um den Kern des Gesetzes, wie er etwa in dem Dekalog vorliegt, schloss sich eine bald engere bald weitere Hülle, welche insgesammt mit dem schwebenden Ausdrucke „Thora" bezeichnet wurde. Dieser gesetzliche Bildungsprozess ist offenbar auch im Pentateuch noch nicht abgeschlossen, noch hat er es je zu einem harmonischen Ganzen gebracht, sondern durch äussere Ereignisse und durch das Erlöschen des legislatorisch-productiven Geistes seit der soferischen Periode ist er abgebrochen; und so liegen denn diese gewaltigen Trümmer oft im seltsamen Durcheinander vor uns da.

Eine zweite spätere Production der gesetzgeberischen Thätigkeit liegt im Talmud vor, der aber auch nichts anderes als Darlegung „dieser Thora" sein will. — Sicherlich hat aber Spinoza Recht, wenn er die „Thora", auf die Mose das Volk verpflichtet, als eine von bedeutend kleinerem Umfange annimmt, so dass derselben auch noch nicht einmal das Deut. entspricht. Ganz abgesehen von der anderweiten Streitfrage über die Abfassungszeit des Deut. ist es doch wol an sich schon nicht wahrscheinlich, dass dem Volke ein so ausgebildetes Gesetz vorgelegt ward, welches für dasselbe weder verständlich, noch behaltbar sein konnte, und wegen der vielen Beziehungen auf spätere Verhältnisse für den Augenblick ohne recht einschlagendes Interesse war. Dem Mose eine specielle Gesetzgebung zuzuschreiben, die für ganz andere Verhältnisse passte, als die waren, in denen er lebte — ist eine so unnatürliche und ungeschichtliche Annahme, dass man sich gar nicht ernstlich mit ihrer Widerlegung bemühen sollte. Ein jeder Gesetzgeber findet — und besonders wol galt dies für Mose — in seiner Zeit so viel zu thun und zu entscheiden, dass er der überflüssigen Mühe, für spätere Jahrhunderte Gesetze zu geben, sich gewiss gern überhoben erachtet — um so mehr da er bei einigem Nachdenken sich selber sagen muss, dass es ihm schwerlich gelingen werde das für diese Zeit Geeignete zu treffen. — Aber die natürliche geschichtliche Entwickelung findet vor den Augen der Apologeten keine Gnade. Dem Volke Israel, dem A. T. thun sie die wahrlich nicht dankenswerthe Ehre an, hier alles auf den Kopf zu stellen zu Gunsten einer dogmatischen Theorie und in der Meinung „sie thäten Gott einen Dienst daran." —

Diese Aufstellungen Spinoza's hatten übrigens insofern Werth, als sie darthaten, wie im Pentateuch selbst eine ganz andere Vorstellung als die traditionelle von den Schriften Mose's herrschte. —

Zuletzt wirft Spinoza noch die Frage auf: „Sollte nicht Mose in den 40 Jahren noch manche der von ihm gegebenen Gesetze aufgeschrieben haben?" — Zunächst, erwiedert er, sagt die heilige Schrift selbst nicht davon, wahrscheinlicher aber ist es überhaupt, dass solche Aufzeichnungen von den 70 Aeltesten geschahen und dass diese als Quelle den späteren Historikern vorlagen.

Warum dies wahrscheinlicher sein soll, sieht man nicht ein? Auch von den Aufzeichnungen der 70 Aeltesten sagt die heil. Schrift nichts. — Die Hypothese ist übrigens in veränderter Form wieder gebracht von Richard Simon, hist. crit. V. T. l. 1. c. 2, der scribas publicas annimmt, welche die acta reipublicae aufschrieben, aus deren Aufzeichnungen dann die heil. Schriften, die wir haben, zusammengestellt seien. Namentlich die geschichtlichen Theile will Simon diesen Schreibern zuweisen, die gesetzlichen dagegen dem Mose. Eine unhaltbare Hypothese, da solche scribae publicae aus der Mosaischen Zeit nicht nachweisbar, noch auch in dieser Periode anzunehmen sind, und da eine Trennung der geschichtlichen und gesetzlichen Theile bei der innigen Verbindung in der sie mit einander stehen nicht durchzuführen ist. —

Fragen wir nun noch: Welche Stellung die Apologetik im Ganzen zu diesen kritischen Angriffen einnahm. Es war schwer, sich dem Eindrucke zu entziehen, dass die hervorgehobenen Stellen des Pentateuch unmosaisch seien und manche sahen ein, dass die Integrität des Ganzen nicht zu retten sei. So gaben sie denn interpolirte Stellen, Redactionsbemerkungen des Esra, Einschleichung von Glossemen in den Text zu, in der Meinung, wenn man jene schwachen Positionen aufgebe, alsdann das Uebrige um so sicherer halten und um so eher behaupten zu können, dass der Pentateuch im Ganzen und Grossen: das Werk Mose's sei.

So sagte Witsius, miscell. sacra c. 14, §. 33, im Hinblick auf jene kritischen Stellen: „Quae cuncta sicuti par est sine praejudicio examinentur quattuor tantummodo loca ex universo volumine supererunt, in quibus cognoscenda aliqua interpolatio est: interpolatio vero tam exigua ut vel in mutatione unius vocabuli consistat vel in additione brevissimae historiolae (!) ad quam occasio ipsis scripti verbis praebebatur. vgl. auch p. 120 „verba vel sententiae serioribus temporibus magis consentaneae ab Esra aut alio aliquo scriptore θεοπνεύστῳ in recollectione s. librorum addita aut immutata sunt. —

Nachdem Spanhemius in der historia ecclesiast. V. T. gleich im 1. Abschnitte p. 260 des Werkes sehr pomphaft und zuversichtlich verkündigt hat, dass die Bücher Mose nach ihrer wirklich mosaischen Abfassung gegen die Hypothesen von Simon, Hobbes und Spinoza von ihm erwiesen werden würden und gar kühnlich die These aufgestellt hat: „Pentateuchum qualem exhibet hodieque codex Hebraeorum .... revera ab ipso Mose esse consignatum folgt der etwas kleinlaute Zusatz: „quicquid jam sit de Nominum quorundam forte in eo mutatione vel parenthesibus nonnullis interjectis aut iis quae ad calcem Deuteronomii. — Auch gehört hierher, was p. 264 als observat. X gegeben wird: „Post decursum tot saeculorum tot ecclesiae fata concedentur aut lectiones variae pro diversitate Codicum vel versionum antiquarum aut insertae fortasse parentheses vel elucidationes quaedam seu ab Esdra seu ab alio profetarum.... aut dentur mutationes in „nominibus" locorum urbium substitutis nempe nominibus quae postea nata, qualia sint illa Danis Hebronis etc. Eone conficiet Criticus post Hobbesium, Spinosam, Praeadamitam et si quos alios contextum pentateuchi universum recentem esse nec Mosis omnino si forte verba legis excipiuntur? Vel an quia Mosis ultima obitus sepultura laudes ad calcem Deuteronomii adjuncta sive a Josua sive ab Eleazare sive ab Esdra . . . conficietur hoc ipso librum Deuteronomii Mosis non esse?" — Gleichviel, mein eifriger Freund, die Bresche liegt offen. Steht die Sache so, dass bedeutende Parenthesen zugegeben werden, wie z. B. der Verf. Genes. c. 36 als solche ansieht, so muss doch schon gefragt werden, ist nicht am Ende des Fremdartigen noch mehr und wo liegt der zwingende Beweis für die mosaische Abfassung des Werkes im Ganzen und Grossen?

Auch Huetius widmet in der demonstratio evangelica das ganze 14. Capitel seiner 4ten Propositio der Widerlegung der Angriffe auf die Aechtheit der 5 Bücher Mose. Zwar sagt er im Anfang: es sei eine solche eigentlich überflüssig, da er nach seiner mathematischen Methode aus den allgemein zugegebenen Principien bereits die Aechtheit der mosaischen Bücher erwiesen habe,[1]) indessen wolle er doch die Einwürfe der neueren Kritik in ihrer

---

[1]) Huetius nämlich leidet bereits an der fixen Idee, welche später in anderer Form wieder bei Christian Wolff auftauchte: es lasse sich die Wahrheit der christlichen Religion unter Anwendung der mathematischen Methode erweisen. Wie in der Mathematik, sagt er, alle Wahrheit aus den Axiomen unwiderleglich hervorgehe, so lasse sich die Wahrheit der christlichen Religion aus den principiis moralibus folgern, welche in unserer menschlichen Natur liegen und angeborene Ideen unserer Vernunft seien. Auf diese einleitenden Gedanken folgen dann 7 definitiones: Bestimmungen der Begriffe: „authentisch, gleichzeitig, historisch, profetisch, ferner Erklärung darüber, was wahre Religion sei, was der Messias, was christliche Religion." In diesen Definitionen werden selbstverständliche Dinge, an denen Niemand zweifelt, sehr weitschweifig festgestellt. Darauf folgen 2 Postulate: 1) einen empfänglichen Sinn mitzubringen, 2) allen bewiesenen Dingen hier denselben Glauben zu schenken wie in anderen Wissenschaften. — Alsdann 4 Axiome:
1) Jedes Buch sei ächt, das von seinen Zeitgenossen und allen nachfolgenden Zeitaltern dafür gehalten worden sei (!!) (als ob damit die Thatsache selbst erwiesen wäre!?)
2) Jede Geschichtserzählung sei glaubwürdig, die mit gleichzeitigen Berichten übereinstimme.
3) Jede Profetie sei wahr, welcher der Erfolg entspreche.
4) Jede profetische Gabe sei von Gott. —
Diese Axiome lobt der Verf. den geometrischen gegenüber wegen ihrer Einfachheit. Dass diese nicht so einfach seien, ergebe sich aus dem Streit, der über dieselben geführt sei. Wir wollen dies auf sich beruhen

Nichtigkeit darthun. Zunächst hebt er in etwas feierlicher Weise an, den Leser davon zu benachrichtigen: wo solche Kritik zu finden sei. Prodiit, sagt er p. 179, nuper e tenebris in lucem tractatus uti prae se fert theologico-politicus, cujus scriptor philosophandi libertatem affectans, non solidae tantum pietatis et sincerae theologiae ac totius Christianismi fundamenta convellit (als wenn solche nicht durch die mathematische Methode hinreichend sicher gestellt wären!) sed sanam etiam politicen ac rectam philosophiam funditus labefactat, planeque eo inclinat ut exitialem ac pestiferam et nimis hac aetate contagiosam Deistarum ut vocant haeresin tueatur. Der Verfasser, den wie wir hieraus sehen Huetius für einen Deisten hielt, war damals (1712) noch unbekannt und er wird von ihm abwechselnd als disputator, philosophaster, argutator theologo-politicus u. dergl. citirt. — Es sei, fährt Huetius fort, eine leichte Mühe das ganze Machwerk zu widerlegen (natürlich mit der mathematischen Methode! Warum dann aber so heftiger Zorn?) — Trotzdem aber werden dem „Machwerk", wie wir bereits oben sahen, an mehreren Stellen Zugeständnisse gemacht (vgl. S. 16 u. a.) u. p. 183 wird von Huetius ausgesprochen: nos vero fatemur scripturae sacrae reparatorem Esdram sicubi se darent obscuriores aut difficiliores loci huc et illuc de suo nonnulla in libros sanctos explicationis caussa infarsisse.

Noch mehr gab Heidegger nach, bei welchem sich sogar der Versuch findet, die allmäliche geschichtliche Entwickelung des Pentateuch zu begreifen. In seinen exercitatt.

---

lassen, doch zu bedenken gebeu, dass über Huetius' Axiome doch nicht eher gestritten werden konnte, als bis sie bekannt waren. Auf diesem Apparate soll dann die ganze Beweisführung ruhen und sich in „decem propositionibus" erschöpfen, wobei gleich im Voraus verkündigt wird, dass man hier die Kürze und Einfachheit der Geometrie nicht erwarten dürfe, da dies die Natur des Gegenstandes nicht zulasse. Dies Versprechen wird pünktlich gehalten, denn das Werk umfasst 718 Seiten in kl. Folio. —
Jede Proposition schliesst sich demnach genau den obigen Axiomen und Definitionen an und endigt mit einem „quod erat probandum." — Dieser ganze Formalismus ist aber ein rein äusserlicher, für die Sache wird durch denselben gar nichts erreicht, logisches Denken, mathematisch-consequenten Fortschritt des Beweises sucht man vergeblich. — So wird z. B. der Begriff der „Gleichzeitigkeit" später ohne Weiteres vertauscht mit dem der „antiquitas." — Die Kritik selbst ist ohne alle Methode sowol im Sprachlichen wie im Geschichtlichen. Etymologien kommen vor, die an Philo erinnern; so soll Moses gleich sein dem zu Emesa verehrten Monimos.- Monimos sci = Monios entweder umgestellt aus νόμος, oder aus מן מים oder aus dem Aegyptischen von Mo = Wasser und ui = aus herzuleiten, so dass Monios aus dem Wasser = Mose sei. — Durch das Ganze zieht sich ferner ein entsetzlicher mythologischer Mischmasch, in welchem Moses mit allen möglichen Gottheiten aller möglichen Völker — selbst die Mexikaner nicht ausgenommen — identificirt wird.
Anzuerkennen ist, dass der Verf. Massen gelehrten Materials sorgfältig und fleissig gesammelt hat, seine Belesenheit erstreckt sich sogar auf jüdische Theologie, welche ihm ein gelehrter israelitischer Kenner desselben zu Amsterdam zugeführt haben mochte (praefat. p. 2). Der Widerspruch des letzteren im Streit über die Vorzüge der christlichen Religion brachte Huetius auf den Gedanken, den Erweis jener Vorzüge unter Anwendung der mathematischen Methode zu versuchen. Ein Versuch, der missglücken musste und der in Bezug auf die Kritik des A. T.'s vom Verf. auch nicht einmal als „Versuch" durchgeführt ist, da derselbe die kritischen Fragen nicht im mindesten anders behandelt, als dies in ähnlichen isagogischen Werken seiner Zeit geschah; denn dadurch, dass am Schluss der Abschnitte quod erat probandum steht, wird doch die Beweisführung wol noch nicht zu einer mathematischen? —

bibl. IX. §. 2. p. 247 stellt er die den Ansichten Spinoza's sehr nahe kommende Vermuthung auf: es habe wol Mose die wichtigsten Ereignisse in Commentarien aufgezeichnet, wie aus Exod. 17, 14 hervorgehe: aus diesen Commentarien sei dann das „Bundesbuch" Exod. 24, 4. 7 entstanden, welches die hauptsächlichsten Gesetze und Vorgänge umfasst habe. Dann habe Gott dem Mose den Dekalog übergeben und dieser nach und nach Zusätze, betreffend die sonstigen Gesetze und die Vorgeschichte des Volkes, hinzugefügt.

Dem gegenüber erkannte Joh. Gottlob Carpzov, dass die lutherische Ansicht von der Bibel als einer inspirirten Sammlung heiliger Bücher, deren Autorschaft Gott zufiele, sich bei solchen Zugeständnissen nicht würde halten lassen. Dass er dieser Anschauung in voller Aufrichtigkeit ergeben war, in ihrem Dienste mit Hingebung und Treue arbeitete, schätzenswerthes gelehrtes Material sammelte und gegen manche Ausschreitungen der Kritik ein heilsames Gegengewicht bildete, darf nicht verkannt werden. So machen z. B. seine gediegenen und gründlichen Untersuchungen, die gegen die leichtfertigen Behauptungen Toland's gerichtet sind (Paralipomen. p. 470 ff.) einen sehr guten Eindruck.[1]) Aber ebenso wenig kann in Abrede gestellt werden, dass in seiner introductio ad libros canonicos bibliorum V. T. ein Geist starker dogmatischer Befangenheit herrscht, wie de Wette Lehrbuch der histor. krit. Einl. in das A. T. p. 6 dies mit Recht bemerkt. Aeusserungen wie diese: „quae in humano scripto reprehensione non carent de divino autem dicere indignum est" (P. II. p. 189) dürften doch wol in diese Categorie gehören. — Daran, dass er auch die Person seiner Gegner angreift, statt sich nur gegen ihre Ansichten zu wenden, scheinen manche neuere Apologeten keinen Anstoss zu nehmen. Um so nöthiger erscheint es, dies doch auch hier zu registriren: Spinoza wird P. I. p. 39 nequam P. II. p. 66 impurus scurra genannt, P. III. p. 470 heisst es von ihm „omnes nequitiae numeros ex asse implevit." (Auch den Jacob Böhme nennt er homo fanaticus!)

Den kritischen Angriffen giebt er nichts nach, sondern weiss ihnen mit dem niemals versagenden „aries ϑεοπνευστίας" zu begegnen. — So lässt er die Ereignisse späterer Zeit den

---

[1]) Haevernick allgem. Einl. p. 14 lobt Carpzov, dass er „zuerst recht scharf und vollständig den Zweck der Einleitung in das A. T." bestimmt habe, und behauptet, dies geschehe in der praefat. v. Pars III. Wir haben in derselben nichts der Art finden können, es ist vermuthlich eine Verwechselung mit der praefat. von Pars I, wo Carpzov summarisch die Punkte bezeichnet, auf welche seine Untersuchung sich erstrecken werde: nämlich zuerst, sagt er, werde er die „Ueberschrift jedes Buches besprechen, dann die Dichte desselben in Kanon, sodann den Verfasser, darauf Inhalt und Zweck, ferner das kanonische Ansehn desselben unter Zurückweisung der kritischen Angriffe, ausserdem die Chronologie berücksichtigen und schliesslich eine Geschichte der Auslegung desselben geben." —

Dass hier aber der Zweck der Einleitung vollständig bestimmt sei, können wir Haevernick nicht zugeben, da doch die Geschichte des Textes und der Uebersetzungen wesentlich zu einer solchen gehört. Carpzov behandelte diese Fragen abgesondert in seiner Critica sacra, was ihm natürlich unbenommen bleibt, aber das Verdienst einer vollständigen Zweckbestimmung der Isagogik kann im Obigen nicht als begründet erscheinen.

Moses aus Profetie wissen (s. o. S. 18). Auffallend ist nur, dass er einräumte, Deut. 34 sei nicht von Mose verfasst, da er doch nach der Consequenz seines Standpunkts ganz gut sagen konnte und eigentlich auch sagen musste: „Mose habe seinen Tod und sein Begräbniss mit allen einzelnen Umständen profetisch vorausgesehen und alsdann $\vartheta\varepsilon o\pi\nu\varepsilon\acute{\upsilon}\sigma\tau\omega\varsigma$ aufgeschrieben," wie ja diese Ansicht bei Joseph. Antiquitt. l. IV. extr. und Philo de vita Mosis lib. 3 sich findet. —

Einwürfe wie die: „es stehe etwas nicht an rechter Stelle" werden von ihm in dieser Weise abgefertigt: P. I, p. 60: „An . . . Pseudo-Criticorum horum judicio potius quam Sancti Spiritus quaeque suis locis rite et sapienter disponentis standum est, ubi dispicitur an hoc vel alio loco ista commodius ac utilius legantur. Die Frage, worauf Mose's Berichte über ältere Zeit beruhen, macht ihm wenig Sorge, da die $\vartheta\varepsilon o\pi\nu\varepsilon\upsilon\sigma\tau\acute{\iota}\alpha$ ihm absolute Sicherheit und Richtigkeit des Erzählten verbürgt: „qua (sc. $\vartheta\varepsilon o\pi\nu\varepsilon\upsilon\sigma\tau\acute{\iota}\alpha$) si gavisum serio credamus fuisse Mosem (sagt er l. c. P. I, p. 62) de inquirendis majorum monumentis quorum adminiculo usus sit parum solliciti erimus." Ohne sie sei es allerdings unmöglich gewesen so lange Zeiten im Gedächtniss zu umfassen.

Einen sehr breiten Raum nimmt in den apologetischen Werken dieser Zeit der Autoritätsbeweis ein. Man macht geltend:

I. Das A. T. wisse von der Thora Mose's nur als einem geschlossenen Ganzen, vgl. Spanh. l. c. p. 260, der jede Stelle, wo vom Gesetz Mose's die Rede ist, ohne Weiteres als Beweis für das Vorhandensein des Pentateuch nimmt; Carpzov l. c. p. 42; Huetius l. c.: Propos. IV, c. 1. p. 46 ff. Auch die neuere Apologetik hat auf dies geschichtliche äussere Zeugniss viel Werth gelegt: allein die zu beweisende Hauptsache, die mosaische Abfassung der 5 BB. kann doch aus demselben nicht erhärtet werden. 1) sind Alter, Abfassungszeit, Verfasser dieser Schriften selbst noch streitig; 2) können alle Anspielungen auf Geschichte und Gesetze des Pentateuch nicht das Vorhandensein des Ganzen in der Abgeschlossenheit, wie es uns vorliegt, erweisen; 3) bezeichnen die Ausdrücke תורת משה und ähnliche doch nicht das Buch des Pentateuch, sondern „das von Mose ausgegangene Gesetz."

II. Mit noch grösserem Nachdruck wird die Autorität des N. T.'s vorgeführt.

Spanh. l. c. p. 263 sagt: „Christus und die Apostel hätten die mosaischen Bücher für ächt gehalten, sie seien also nach Spinoza . . decepti a Pharisaeis aut credula simplicitate ac cum vulgo errantes. — Christus sage: nicht $\mu\acute{\iota}\alpha$ $\kappa\varepsilon\rho\alpha\acute{\iota}\alpha$ des Gesetzes solle verloren gehen und die apostolische Beweisführung gründe sich auf einzelne Worte des mosaischen Textes. Carpzov l. c. p. 42 führt die neutestamentlichen Stellen vollständig an, in denen Bezug auf den Pentateuch als das Werk Mose's genommen wird. Die reichhaltigen Variationen, in denen die neuere Apologetik dies Thema abgespielt hat, sind bekannt.

Wir wollen statt tausend anderer eine sehr bezeichnende Aeusserung über diesen Punkt bei Haevernick anführen: spec. Einl. p. 567: „Es ist klar, dass diejenige Ansicht, welche Christus und die Apostel für das hält, wofür sie sich selber ausgeben, in diesen Aussprüchen nur Wahrheit erkennen und in ihnen die höhere Sanktion dessen finden kann, was auch wahrhaft kritische Forschung stets als Resultat gewinnen wird, die Aechtheit des Pentateuch.

Wir bemerken hierzu nur:
1) Was wahrhaft kritische Forschung als Resultat gewinnen wird, lässt sich doch wol füglich nicht voraussagen, da sonst „wahrhaft kritische Forschung" jedenfalls sehr überflüssig wäre.
2) Was wahrhaft kritische Forschung als Resultat findet, bedarf keiner höhern Sanction. Wahrheit ist eben Wahrheit!
3) Was durch „höhere Autorität" entschieden wird, kann nicht durch „Forschung" entschieden werden. —

Es bleibt jedem unbenommen, sich jeder Autorität zu fügen, die er sich erwählt — aber dann betrete er nicht den Boden der Wissenschaft! —

III. Die Autorität der Synagoge und der alten Kirche wird angerufen. Spanhem. l. c. p. 263; Buddeus, isag. c. 8, §. 3, p. 1253 ff. u. oft.

Gehen wir nun zum Buch Josua über.

Dass das Buch Josua nicht autographon ist, geht dem Spinoza aus folgenden Punkten hervor:
1) Ein anderer schreibt von Josua's grossem Ruhme c. 7, 1, erzählt, wie Josua nichts unterlassen habe von dem, was Mose vorgeschrieben c. 8, 35. c. 11, 15, wie er allmälich alt geworden, zuletzt eine Volksversammlung berufen habe und dann gestorben sei.
2) Es werden Dinge berichtet, die sich nach Josua's Tode ereigneten, c. 24, 31 heisst es: die Israeliten seien Jehova so lange treu geblieben, als die Greise lebten, die den Josua noch gekannt hatten. Auch c. 22, 10 ff. scheine auf Ereignisse nach Josua's Tode zu gehen, da er in der ganzen Geschichte gar nicht erwähnt werde.
3) Die c. 16, 10. 15, 63 und 14, 14. 15 wiederkehrende Formel „bis auf den heutigen Tag" zeige, dass über alte Zeiten berichtet werde von einem Spätern.
4) Ganz deutlich auf bedeutend spätere Zeit weise c. 10, 14: „es war kein Tag diesem gleich weder vorher noch nachher."

Habe Josua überhaupt ein Buch geschrieben, so sei es der c. 10, 13 angeführte ספר הישר desgl. Hobbes l. c. c. 33. p. 177: Quod liber Josuae longo tempore scriptus sit post mortem ejus ex libro ipso colligi potest. Cum in medio alveo Jordanis erexisset Josua in monumentum transitus Hebraeorum duodecim lapides, scriptor libri de illis dicit „et ibi sunt usque in praesentem diem." Jos. 4, 9. Similiter Josua 5, 9 cum dixisset Deus ad Josuam: hodie abstuli opprobium Aegypti a vobis. Dicit scriptor: vocatum est nomen illius Galgala usque in praesentem diem. Haec et alia argumenta similia ex aliis locis libri Josuae ut Jos. 8, 29; 13, 13; 14, 14; 15, 63 ostendunt librum Josuae scriptum esse satis longo tempore post illius mortem.

Auf diese Instanzen hatte die gleichzeitige Apologetik folgendes zu erwiedern:

1) Huet. l. c. p. 193. „Das Argument des Selbstlobes würde auch gegen die Aechtheit der paulinischen Briefe und gegen die Commentarien des Caesar zeugen." Im ersten Falle ist es aber doch vom Apostel hinreichend motivirt und eingeschränkt.

2) Tod Josua's und die späteren Ereignisse werden als Zusätze Samuel's oder Esra's zugegeben. Huet. l. c. no. VIII.

Bedeutende Zusätze gestand ausserdem Spanh. zu l. c. p. 339: Jos. 19, 47; Jos. 11, 21; auch Heidegger, enchirid. lib. I, cap. 7, §. 2, p. 10, der sogar noch eine Redactionsthätigkeit irgend eines θεόπνευστος annimmt, und besonders Carpzov P. I, p. 153. 154, der sich begnügt zu sagen: „Josuam — plurima hoc libro contenta consignasse" und überhaupt bei diesem Buche eine merkwürdige Sorglosigkeit hinsichtlich des Autors zeigt. Er hält sich an den Spruch Gregor's M.: „quis haec scripserit valde supervacue quaeritur, cum tamen auctor libri Spiritus S. fideliter credatur." Warum wird dieser Grundsatz nicht überall, nicht auch beim Pentateuch angewandt? — Die Nichterwähnung Josua's c. 22, 10 ff., meint Huetius dagegen l. c. no. X, lasse noch nicht auf seinen Tod schliessen. Quid si tunc aeger erat Josua? Schwerlich würde er sich dadurch haben abhalten lassen, sich um diesen Vorgang zu bekümmern. Quid si aliis negotiis districtus? — Wichtigere konnte es kaum geben.

3) Die Formel Jos. 16, 10 u. a. wird von Spanh. l. c. ebenfalls als „Zusatz" späterer Zeit angesehen, während Huetius l. c. p. 190^b sie sich daraus erklärt, dass Josua das Buch als Greis geschrieben habe.

4) Auch die Stelle c. 10, 14 erklärte Huetius l. c. aus demselben Umstande.

Dass das Buch der Richter von den Richtern geschrieben sei, sagt Spinoza, werde kein Verständiger behaupten, denn der Epilog von c. 2 weise deutlich auf einen einzigen Verfasser. Uebrigens deute die häufige Formel „zu der Zeit war kein König in Israel" auf eine Zeit, zu der es bereits Könige gab.

Hier will Huetius l. c. p. 202 eine arge Gedankenlosigkeit Spinoza's entdeckt haben. Spinoza sage c. 8: es sei evident, dass dies Buch nur einen Verfasser habe, dagegen c. 9: es erhelle aus c. 2, 6, dass hier ein neuer Historiker auftrete.

Ergo in eodem capite caussam reperit homo perspicax cur ab uno historico et a pluribus scriptum hunc librum opinaretur, quod ejus acumine dignum. —

Huetius ist nicht eingedrungen in die Gesammtansicht Spinoza's vom Pentateuch und den folgenden geschichtlichen Büchern, welche er durch die Redaction einer einzigen Hand zum Abschluss gebracht werden liess. Von letzterer rühren nach Spinoza's Meinung die Verbindungen zwischen den Hauptmassen der geschichtlichen Bücher her. Es geht daher Spinoza's Meinung von der Einheit des Verfassers des Buchs der Richter nur auf den Grundstock des Buchs, den er in den Capiteln von 2, 6 ff. bis zu Ende findet.

Carpzov l. c. p. 173 ist auch für einen Verfasser, wofür ihm auch besonders ratio ac modus θεοπνευστίας zu sprechen scheinen. Man sieht nicht ein, inwiefern. —

Hobbes p. 178 sagt de libro Judicum ex c. 18, 30: manifestum est, quod post captivitatem decem tribuum scriptus sit.

Carpzov l. c. p. 175 will es auf eine andere Gefangenschaft beziehen: nämlich jene nach Wegnahme der Bundeslade, bei der viele Israeliten in die philistäische Gefangenschaft geführt seien. 1. Sam. 4, 10 ff. Ganz unhaltbar.

Hinsichtlich der „B.B. Samuel's" bemerkt Spinoza: sie führen die Geschichte ebenfalls weit über Samuel's Tod hinaus, besonders aber deute auf eine bedeutend spätere Zeit der Abfassung 1. Sam. 9, 6 („die jetzigen Profeten hiessen damals Seher").

In der Entgegnung Carpzov's l. c. p. 215 fehlt alle kritische Schärfe. Sehr weitschweifig setzt er auseinander: Samuel habe dies Buch erst gegen Ende seines Lebens verfasst, daraus erkläre sich der Ausdruck von der Veraltung des Wortes „Seher" und seiner Vertauschung mit dem Worte „Profet."

Die B.B. der Könige, sagt Spinoza, weisen selbst auf andere Quellen. 1. Kön. 14, 29: „die Chroniken der Könige Juda's," 1. Kön. 14, 13: „die Chroniken der Könige Israels" und 1. Kön. 11, 41: „die Bücher der Thaten Salomo's." —

Huetius tritt dem im Wesentlichen bei l. c. p. 208: „Ex publicis commentariis excerptos fuisse libros Regum et in compendiariam historiam conflatos, pervulgata est multorum opinio et verisimillima." Diese Quellen streitet Carpzov p. 242 nicht ab; er wendet dann die Sache so: „placuisse . . . Spiritui S. ex . . . sacris s. politicis monumentis in Canonem sacrum transferre, quae pro infinita sapientia sua ad ecclesiae factura prospiciebat aedificationem, ad caetera vero quae non tam hominum saluti quam cognitioni historicae inservitura videbat, per allegatos libros digitum saltem intendere, ut qui uberiore regum ac utriusque regni historiam expeterent, ad illos recurrere possent. Unde forte ad manus habuit scriptor libri regum diaria ista verba dierum, libros regum Judae et Israel, Prophetiam Achiae Silonitae, visiones Addo . . . eaque ad privatam legit notitiam, scripsit vero non quae proprio Marte ex iis sibi excerpserat aut notaverat, sed praecise ea tantum, quae suggerebat Spiritus sanctus citabatque ista **non ut fontes unde sua depromserit ac in libros Regum digesserit**, non ut supplementa eorum, quae hic divinitus sunt prolata sed ut subsidia humanae saltem ac historicae rerum gestarum notitiae, a Spiritu sancto per allegata ista illorum temporum hominibus suppeditata quibus monumenta ista adhuc praesto erant."

An dieser Auslassung ist so viel richtig, als in der That der Gesichtspunkt, welcher den Verfasser bei der Auswahl der Thatsachen leitete, der des theokratischen Pragmatismus war und zwar eines solchen, der aus speciell profetischem Standesgeist hervorging. Thatsachen, welche zur Erläuterung der profetischen Grundgedanken nicht dienen konnten, sind weggelassen. —

Ganz unklar aber ist, was Carpzov damit sagen will, wenn er meint: der Verfasser habe wol jene Bücher gehabt und gelesen, seine Kenntniss der Dinge rühre aber ausschliesslich von der göttlichen Inspiration her. — Wenn er jene Bücher las, so musste er doch daraus auch geschichtliche Kenntnisse erlangen. — Und wenn die Inspiration hinreichte, wozu las er diese Bücher? In solche Widersprüche verwickelt sich Carpzov, wenn er die unwillkürlich sich selbst ihm aufdringende geschichtliche Wahrheit mit seiner dogmatischen Theorie in Einklang setzen will.

So weit die Beweisführung, welche die Nichtauthentie der in Rede stehenden Bücher betrifft. —

Nachdem Spinoza zu diesem negativen Ergebniss hinsichtlich der Verfasser der obigen Schriften gelangt ist, versucht er eine positive Aufstellung über die Sache — und hier hat er als der Erste einen tiefen Blick in das thatsächliche Verhältniss gethan, indem er in den Büchern von der Genesis bis zu den Büchern der Könige ein grosses zusammenhängendes Geschichtswerk vermuthet, dessen Aufgabe es gewesen sei die alte jüdische Geschichte von Ursprung des Volkes an bis zur ersten Zerstörung der Stadt zu beschreiben, dessen Grundgedanke und leitende Idee sei: „dicta et edicta Mosis docere eaque per rerum eventus demonstrare", und dessen Verfasser offenbar nur einer gewesen sein könne.

Die Einheit des Ganzen schliesst er zunächst aus der engen Verknüpfung, welche zwischen den einzelnen Büchern stattfindet. So schliesst Josua 1, 1 ויהי אחרי מות משה unmittelbar an Deut. 34, 12 an. Dieselbe Verbindung befindet sich Richt. 1, 1. ויהי אחרי מות יהושע und ebenso ist Ruth 1, 1 als Appendix an das Buch der Richter angehängt. Ebenso schliessen sich 1. Sam. 1, 1. 2. Sam. 1, 1 mit der gewöhnlichen Formel an. —

Dann aber zeigt die ganze Geschichtserzählung auch einen zusammenhängenden Faden, der sie innerlich verbindet. Der Erzähler berichtet zuerst den Ursprung des hebräischen Volks, dann die Gesetzgebung des Moses, welche diesem Volke gegeben ward, hierauf den Angriff desselben auf das heilige Land, die Besitznahme desselben und die danach erfolgende Vernachlässigung der Gesetze mit der darauf folgenden Strafe. Daran schliesst sich endlich die Königsgeschichte mit dem steten Nachweis wie die Schicksale der Könige nach ihrer Befolgung der Gesetze sich richten bis zuletzt der Untergang des Reichs infolge des Ungehorsams gegen Gottes Gesetze eintritt. —

Dass die leitende Idee die Verherrlichung des mosaischen Gesetzes gewesen, ergiebt sich dem Spinoza besonders daraus, dass alle die Dinge, welche nichts zur Hebung des Ansehens des Gesetzes beitragen, entweder völlig übergangen würden oder in Beziehung derselben der Verfasser auf andere Schriften verweise, in denen solche Dinge berichtet würden.

Aus beiden Umständen aber, nämlich aus dem Zusammenhange der äusserlich und innerlich diese Bücher verbindet und aus der leitenden Idee, die das Ganze beherrscht, folgert dann Spinoza die Einheit des Verfassers. [1])

---

[1]) Bis zu diesem Punkte ist eigentlich von Spinoza die Grundlage für das Verfahren aller Kritik gegeben,

Hinsichtlich der Person dieses Verfassers stellt Spinoza die Vermuthung auf es sei Esra gewesen. Aus der Fortführung der israelitischen Geschichte bis zur Befreiung Jojachin's gehe mit Sicherheit so viel hervor, dass der Verfasser nicht vor Esra gelebt habe. In jener ganzen Zeit aber berichte die Schrift von keinem andern so gesetzeskundigen Manne wie Esra (Esra 7, 6. 10), seine Verdienste um die Auslegung des Gesetzes würden hervorgehoben (Neh. 8, 8) und so sei auch wahrscheinlich das Deuteronomium in der vorliegenden Gestalt ein von Esra überarbeiteter liber legis Dei. Solche erklärende Zusätze, die vermuthlich von Esra's Hand herrührten, zeigen Deut. 2, 12 zu v. 3. 4, Deut. 10, 8. 9 zu v. 5. Ebenso die Vorrede und alle Stellen, wo von Mose in der dritten Person geredet werde, seien auf Esra zurückzuführen desgleichen auch die Discrepanzen des Decalogs wie die erweiterte Fassung des vierten Gebots (Deut. 5, 16 vgl. mit Ex. 20, 12) und die veränderte Anordnung im zehnten Gebot. (Deut. 5, 21 vgl. mit Exod. 20, 17). — Diese Ueberarbeitung des Deuteronomiums sei von Esra wahrscheinlich zuerst verfasst, da das Buch einen selbständigen Anfang habe und nicht wie die übrigen eine Verknüpfung mit dem Vorhergehenden bringe. Es sei dann später von ihm der zusammenhängenden Darstellung der Geschichte des Volks eingefügt. —

Auch hierin hat Spinoza doch insoweit richtig gesehen als er die Selbständigkeit des Deuteronomisten und die Verschiedenheit seines Werks von allen übrigen Theilen des Pentateuch erkennt. Auf seine Esrahypothese, die allerdings sehr in der Luft steht, legt er selbst kein grosses Gewicht (vgl. c 9 p. 115), ihm ist die Einheit des Verfassers die Hauptsache.

Das Verfahren dieses letzten abschliessenden Sammlers beschreibt Spinoza als ein nur provisorisches Zusammenstellen von verschiedenen Quellenschriften, wobei jener auf Schlichtung etwaiger Widersprüche der Angaben und Nachrichten keine Sorgfalt weiter verwendet habe. Er sagt (c. 9 p. 115) „nec aliud fecit quam historias ex diversis scriptoribus colligere et quandoque non nisi simpliciter describere atque eas nondum examinatas neque ordinatas posteris reliquit." —

Dass der Art sein Verfahren war, zeigen zunächst diejenigen Erzählungen, deren Quellen

---

die sich auf diese Bücher des A. T. erstreckt, und ist im Wesentlichen auch die neuere Kritik nicht über das oben Aufgestellte hinausgegangen. Denn wenn z. B. Ewald 2 Grundwerke annimmt: „Das Buch der Urgeschichte (Pentateuch und Josua) und das „grosse Buch der Könige" (Richter, 2 B.B. Sam. u. 2 B.B. Könige), so lässt er doch auch das letztere vom deuteronomischen Standpunkte aus bearbeitet werden und damit schliesslich denselben Grundzug durch das Ganze gehen. — Und was Bertheau in der Einleitung seines Commentars zum Buch der Richter p. XXVII sagt, dürfte wol ganz mit dem Resultate Spinoza's zusammenfallen. Es heisst daselbst: „meine durch fortwährende Prüfung sich mehr und mehr befestigende Ansicht, dass wir in den geschichtlichen Büchern von Genes. 1—2 Kön. 25 in der Form und Verknüpfung, in welchen sie uns vorliegen, nicht einzelne unabhängig von einander entstandene geschichtliche Werke haben, dass sie uns vielmehr eine zusammenhängende Bearbeitung der Geschichte von Anfang der Welt an bis auf die Zeit des Exils darbieten, erhält auch durch sorgsame Betrachtung des Buchs der Richter vollkommene Bestätigung." Auch Stähelin in seinen kritischen Untersuchungen p. 106 ff. lässt die Hand desselben Geschichtsschreibers in den in Rede stehenden Schriften sichtbar sein.

uns anderweit noch vorliegen. So ist die Geschichte Hiskia's 2. Kön. 18, 17 ff. aus Jes c. 36 ff., ebenso 2. Kön. c. 25 aus Jerem. 39, 40 und 2. Sam. 7 aus 1. Chron. c. 17 entlehnt. —
Sodann deuten nach Spinoza auf verschiedene Quellen, die dem Sammler vorlagen, einige Erzählungen, deren chronologische Angaben in die allgemeine Chronologie unserer Geschichtsbücher nicht passen. — So z. B. Genes. 38 die Erzählung von Juda und von der Thamar. Berechnen wir nämlich die Zeit von Josef's Verkaufung bis zu Jakob's Uebersiedelung nach Aegypten, so ergeben sich höchsten 22 Jahre. — Die Rechnung ist folgende: Josef's Alter bei der Verkaufung war 17 Jahre, bei der Befreiung aus dem Kerker 30 Jahre; dies ergiebt einen Zeitraum von 13 Jahren, dazu kommen 7 fruchtbare und 2 magere Jahre, giebt im Ganzen 22 Jahre. In dieser Zeit nun von 22 Jahren konnte Juda nicht 3 Kinder bekommen, deren ältestes schon hätte die Thamar heirathen können, geschweige denn das 2te, wie hernach wirklich geschieht.
— Es ist klar, dass diese Geschichte eine anderweitige Chronologie voraussetzt, als die uns vorliegende. Delitzsch, Genesis II, p. 91, giebt die Richtigkeit dieser Rechnung zu, aber nicht ihre Consequenz, indem er kurzweg erklärt: „das ist nicht unmöglich." Absolut freilich nicht. Denn setzen wir: es hat sich Juda nach Josef's Verkaufung auf den Weg nach Odollam gemacht und nehmen an, dass er noch in demselben Jahre dort Hochzeit machte, so ist alsdann Er frühestens im zweiten, Onan frühestens im dritten Jahre nach jenem Ereignisse geboren, dann bliebe ein Zeitraum von 19 Jahren, innerhalb dessen Er die Thamar heirathete und starb, dann ebenfalls auch Onan sie heirathete und starb und dann noch Juda von der Thamar 2 Kinder, nämlich Zwillinge, bekam. Da wir für dies letzte Ereigniss ein Jahr abrechnen müssen, andererseits Onan erst im dritten Jahre geboren sein kann, so musste letzterer bei seiner Verheirathung etwa, 17 Jahr alt sein. Sehr wahrscheinlich ist hiernach die Sache nicht, besonders wenn wir bedenken, dass Thamar nach v. 14 schon eine Weile vergeblich gewartet hatte, ob sie möchte mit dem dritten Sohne Sela verheirathet werden. Da hätte sie also auf einen 15jährigen Knaben schon Anspruch erhoben! — Auch im Leben Jakob's ist die Chronologie nach Spinoza voller Widersprüche. — Genes. 47, 9 ist Jakob 130 Jahr alt, subtrahiren wir hiervon die 22 Jahre der Trennung von Josef, die 17 Jahre des damaligen Alters Josef's und die 7 Jahre des Dienstes um Rahel: so ergiebt sich ein Alter Jakob's von 84 Jahren bei seiner Hochzeit mit Lea. — Das passt nicht zu der Schilderung seiner Liebe zu Rahel, die in der Erzählung mit allem Zauber der Jugend umkleidet ist. — Dina aber war alsdann bei ihrer Schändung kaum 7 Jahre alt, und Simeon und Levi als sie die Sichemiten ermordeten 12 bis 13 Jahr. — Wie Spinoza dies herausbekommt, ist nicht klar, da er die Sache nicht näher ausführt. Andere Berechnungen nach Bonfrère und Petavius hat Hengstenberg Authent. 2, 352 ff.: er legt der Dina das 16. Jahr bei, Delitzsch, Genesis II, p. 47, lässt sie 14 Jahr alt sein. Es lohnt nicht, diese Rechnungen mit lauter unbekannten Grössen zu verfolgen.

Aus allen diesen und ähnlichen Anzeichen schliesst Spinoza, dass der Pentateuch nur eine vorläufige Sammlung war, die erst geordnet werden sollte. Er hebt hervor: 1) wie alle

Erzählungen und Gesetze in derselben promiscue auf einander folgen ohne alle Rücksicht auf chronologische Ordnung, und 2) wie eine und dieselbe Geschichte öfters und zwar verschieden erzählt wird. —
    Verschiedene Quellen zeige auch das Buch der Richter. Denn nachdem ein früherer Erzähler in Jos. 24 den Tod Josua's berichtet und dann Richt. 1, 1 ff. die Ereignisse nach seinem Tode zu erzählen angefangen, trete c. 2, 6 ff. ein neuer Berichterstatter ein. — Dies das unverkennbare Sachverhältniss. Vgl. Bertheau z. Buch der Richt. Einl. p. IX ff., wo 3 Theile des Ganzen bezeichnet werden: 1) c. 1—2, 5; 2) c. 2, 6 bis c. 16; 3) c. 17—21. — Als Differenzen in den B. B. Samuel's führt Spinoza den zwiefachen Bericht über David's Eintritt bei Saul's Hof an. 1. Sam. c. 17, 18 in Folge des Siegs über Goliath; c. 16 um Saul's bösen Geist durch Musik zu bannen. Vgl. Hobbes l. c. p. 178. Der Vereinigungsversuch Carpzov's l c. p. 216 ist folgender: Zuerst ist Samuel, um Saul's bösen Geist zu bannen, an den Hof gezogen, dann brach der Krieg aus, Saul zog aus, David kehrte zu seines Vaters Heerde zurück. Er wird vom Vater ins Lager geschickt; dass ihn Saul, der ihn früher doch oft gesehen, in tanta stipantium caterva nicht erkennt, ist nicht so auffallend. — Wo ist aber von der Schaar der Begleiter im Text die Rede? — Auch habe ja David, meint Carpzov, früher das Schäferkleid angehabt, jetzt die Rüstung? — Aber vgl. v. 58, wo Saul mit David redet, ihn nicht etwa blos von Weitem sieht. — Desgleichen, fährt Spinoza fort, schildern auch c. 26 und c. 24 das Zusammentreffen Sauls und Davids in einer Höhle auf verschiedene Weise. Nach Carpzov l. c. p. 216 sind es zwei Ereignisse, wie aus den ganz verschiedenen Umständen hervorgehe. — Bekanntlich aber sind diese Umstände sehr ähnliche, die Differenz besteht nur in folgenden Punkten: a) Höhle; b) Lager; a) Mantel; b) Spiess und Wasserkrug, und es ist daher ausser Zweifel, dass zwei Berichte desselben Factums vorliegen. Dass hier nur ein doppelter Bericht über dasselbe Ereigniss vorliege, sagt auch Thenius zu den B. B. Sam. p. 109. — Geschichtlicher Widerspruch ist zwischen 1. Sam. 7, 13, wo die Philister gänzlich aus Israels Grenzen vertrieben erscheinen, und c. 13, wo die Israeliten in völliger Unterdrückung seitens der Philister leben. Diese Schwierigkeit ist von Carpzov l. c. p. 216 nicht hinlänglich gewürdigt: er führt aus, es sei nicht ausgeschlossen durch c. 7, dass die Philister auch feindliche Unternehmungen gegen Israel gemacht hätten, aber sie seien erfolglos gewesen. — Damit wird der Widerspruch beider Capitel nicht beseitigt.
    Ein sehr wichtiger Widerspruch in der Chronologie tritt aber 1. Kön. 6, 1 hervor, wo der Salomonische Tempelbau in das 480ste Jahr nach dem Auszug aus Aegypten verlegt wird. Inwiefern diese Bestimmung den einzelnen Zahlenangaben unseres Geschichtswerkes widerstreite, sucht Spinoza durch folgende Tafel zu zeigen:

Mose's Leitung des Volkes in der Wüste dauerte	40 Jahre
Josua's Führung nach Ansicht des Josefus u. Anderer (!)	26 „
Kusan Risathaim's Fremdherrschaft	8 „

Othniel richtete	40	Jahre
Fremdherrschaft des Moabiters Eglon	18	„
Ehud und Samgar richteten	80	„
Fremdherrschaft des Cananiters Jachin (?) Jabin	20	„
Ruhige Zeiten nach derselben	40	„
Midianitische Fremdherrschaft	7	„
Gideon's Richteramt	40	„
Abimelech's Herrschaft	3	„
Thola richtete	23	„
Jair richtete	22	„
Philistäische und Ammonitische Fremdherrschaft	18	„
Jephtha richtete	6	„
Absan aus Bethlehem	7	„
Elon aus Sebulon	10	„
Habdan	8	„
Neue philistäische Fremdherrschaft	40	„
Simson richtete	20	„
Eli richtete	40	„
Dritte philistäische Fremdherrschaft bis auf Samuel dauerte	20	„
David herrschte	40	„
Salomo bis zum Tempelbau regierte	4	„
Summa	580	Jahre.

Dazu kommen noch die Jahre der Blüthe des israelitischen Reichs nach Josua's Tode bis zur Fremdherrschaft Kusan Risathaim's. Richt. c· 2, 7—10 ist sicher die Geschichte vieler Jahre zusammengefasst. Ausserdem sind noch die Regierungszeiten Samuels und Sauls hinzuzufügen. — Die Stelle 1. Sam. 13, 1 ist offenbar verderbt. Dort ist 1) das Alter Sauls beim Regierungsantritt ausgelassen, 2) heisst es, Saul habe 2 Jahre regiert.[1] — Allein nach 1. Sam.

---

[1] Carpzov l. c. p. 217 führt die Erklärung des Tirinus an, die sich auch schon bei den Vätern finde: es sei שנה בן־ = כבן שנה „Sicut filius unius anni", giebt sie aber selbst als gezwungen auf. Alsdann die des Joseph Scaliger: es sei ל ausgefallen, so dass der Sinn wäre filius triginta annorum; dem stehe entgegen, sagt Carpzov, dass es dann בן שנים heissen müsse, was eine durchaus falsche Behauptung ist, da es Genes. 41, 46; Num. 4, 3; 2. Sam. 5, 4 ausdrücklich lautet שָׁנָה בֶּן־שְׁלֹשִׁים. — Er entscheidet sich schliesslich für die Erklärung, welche in Luther's Uebersetzung liegt: „quum filius anni esset Saul in regno", was aber unmöglich in den Worten liegen kann. Hitzig Begriff der Kritik p. 146 ist der Meinung, dass der Verfasser den Raum für die Zahl, die ihm nicht gleich gegenwärtig war, leer gelassen und dass hernach dieser Raum nicht ausgefüllt worden sei. — Es ist zwar nicht recht begreiflich, wie der Sammler, der doch aus vorliegenden Quellen arbeitete, die Zahl nicht gleich bei der Hand gehabt haben sollte, aber gleichwol scheint diese Erklärung unter den vorhandenen bis jetzt als die beste. —

27, 7 hat sich David bei den Philistern 1 Jahr und 4 Monate aufgehalten; dann würden auf die übrige Geschichte Sauls nur noch 8 Monate kommen! — Ferner sind noch hinzuzuzählen die Jahre der Anarchie von Richt. c. 17 ff. — extr.

Aus alle dem folgert Spinoza, dass die Zahl der Jahre aus den historischen Büchern nicht mehr mit Sicherheit festzustellen ist und dass die einzelnen Geschichten auf verschiedene Chronologien weisen. —

Lassen wir die zweifelhaften 26 Jahre des Josefus, auf die Josua's Führung sich belaufen haben soll, bei Seite: so bleiben doch 494 Jahre, die auf rein biblischen Angaben beruhen, und damit ist die Zahl 480 überschritten. Neuerdings hat man versucht, durch Ineinanderrechnung von Zahlangaben des Buchs der Richter die Zahl 480 zu rechtfertigen. So Keil in den Dorpat. Beiträgen II, 325 ff. Allein die Willkür dieser Berechnung leuchtet jedem ein und jederzeit wird des Spinoza's Aufstellung in soweit in Geltung bleiben müssen, als es unmöglich sein wird, jemals die Zahl 480 aus den Detailangaben der historischen Bücher zu erweisen. —

Die Schwierigkeit dieser Chronologie hatte schon Usher in der Chronol. sacra beschäftigt P. II, c. 12, p. 197 und er hatte sie durch Ineinanderrechnung der Perioden der Freiheit und Knechtschaft zu beseitigen gesucht, indem er das ויישפט = quiescere coepit fasste, so dass neben der Herrschaft der Richter noch eine Zeit lang die Unterdrückung bestanden haben soll.

Carpzov verwirft diesen Ausgleich. Er geht P. I, p. 183 von 3 festen Daten aus.

1) 1. Kön. 6, 1 die Zahl 480 sei unter allen Umständen festzuhalten.
2) Nach Richt. 11, 26 müssen seit dem Eintritt in das Land Canaan und seit Besetzung des Gebietes der Ammoniter bis zum Beginn der Ammonitischen Knechtschaft 300 Jahre verflossen sein.
3) Es seien auf Grund der biblischen Angaben nach der Reihe die Jahre der israelitischen Knechtschaft und der Regierung der Richter aufzustellen. Nur die 5te und 6te bilden hier eine Ausnahme, denn nach Richt. 15, 20 richtete Simson in den Tagen der Philister.
4) Die Herrschaft der Richter sei bisweilen nur eine theilweise gewesen, es habe daneben auch eine theilweise Unterdrückung bestehen können.

(Das oben zugestopfte Schlupfloch also wieder aufgezogen!)

Danach ergiebt sich ihm Folgendes:

1) Die 300 Jahre des Jephtha seien nach vollendeter Unterwerfung des jenseitigen Landes gezählt: vom achten Jahr des Josua an.
2) Jair und Thola seien gleichzeitig וַיָּקָם אַחֲרָיו Richt. 10, 3 solle nicht heissen: „Jair trat nach Thola's Tode auf," sondern nur: „er gelangte einige Jahre nach Thola in seinem Gebiete zur Herrschaft."

Vollständige und dreiste Willkür: da in v. 2 Thola's Tod berichtet ward und nun v. 3 fortfährt: „nach ihm trat auf". —

Dass im Buch der Richter eine Continuität der Regentenfolge beachtetwird, obwol die Herrschaftsgebiete verschieden waren, ist ganz ausser Zweifel.

Durch obiges Kunststück aber wird die Zahl Thola's beseitigt und es werden ihm nach Belieben 3 Regierungsjahre zugetheilt.

Dies die vielbewunderte, gründliche chronologische Berechnung Carpzov's. — An der ganzen Rechnung l. c. p. 184 ist nichts weiter sicher, als die 256 Jahre von der Mesopotamischen Knechtschaft bis Abimelech und die 22 Jahre des Jair.

Wir kommen bei der näheren Betrachtung dieser verworrenen Chronologie zu folgendem Resultate. Es sind hier zwei verschiedene Quellenschriften ineinander gearbeitet worden. Die eine kannte nur 6 Richter mit je einer 40jährigen Herrschaftsperiode und diese ist in vollem Einverständniss mit jener 1. Kön. 1, 6 gesetzten Gesammtsumme der Zeit von Mose bis David. Denn diese sollte 12 Geschlechter umfassen: davon kamen also 6 auf die Richter und 6 auf die übrigbleibende Zeit, dies ergiebt $2 \times 240 = 480$ Jahre. —

Eine andere Quelle hatte 12 Richter, deren jeder auch wieder eine Regentschaft von 40 Jahren bekam, so dass hier für die blosse Richterperiode sich die Zahl 480 ergab, welche dort die ganze Zeit von Mose bis David umfasste. —

Diese beiden Berechnungen sind nun in folgender Weise verbunden:

c. 3, 8	Unterdrückungszeit bis	Othniel	= 8 Jahre
c. 3, 14	„	„ Ehud	= 18 „
—	—	— Samgar	= X „
c. 4, 3	„	„ Barak	= 20 „
c. 6, 1	„	„ Gideon	= 7 „
c. 9, 22	Gewaltherrschaft des Abimelech		= 3 „
c. 10, 2	Richterzeit des Thola		= 23 „
c. 10, 3	„ „ Jair		= 22 „
c. 10, 18	Unterdrückungszeit bis Jephtha		= 18 „
c. 12, 7	Richterzeit des „		= 6 „
c. 12, 9	„ „ Ibzan		= 7 „
c. 12, 11	„ „ Elon		= 10 „
c. 12, 14	„ „ Abdon		= 8 „
c. 13, 1	Unterdrückungszeit unter Simson		= 40 „

Summe dieser Daten = 190 Jahre.

Subtrahirt man jede dieser Angaben von der Zahl 40, welche die feste Zahl für die Regentschaftszeiten bildet, so ergiebt sich folgende Reihe:

$$40 - 8 = 32$$
$$40 - 18 = 22$$
$$40 - X = X$$
$$40 - 20 = 20$$
$$40 - 7 = 33$$
$$40 - 3 = 37$$
$$40 - 23 = 17$$

$$40 - 22 = 18$$
$$\left.\begin{matrix}40 - 18 = 22\\ 40 - 6 = 34\end{matrix}\right\}24 \quad 16$$
$$40 - 7 = 33$$
$$40 - 10 = 30$$
$$40 - 8 = 32$$
$$40 - 40 = 0$$

Summa: 290.

Diese Zahl verbunden mit der obigen 190 + 290 = 480 ergiebt also die Grundzahl 480 von 1. Kön. 6, 1.

Eine verschiedene Chronologie findet Spinoza schon in den Quellen sichtbar. So differiren ihm „die Chronik der Könige Israels" und „die Chronik der Könige Juda's" nach 2. Kön. 1, 17, wo Joram von Israel König wird im zweiten Jahr Jorams von Juda, und 2. Kön. 8, 16, wo Joram von Juda König wird im fünften Jahr Jorams von Israel. — Man hilft hier durch Annahme einer Mitregentschaft des Joram von Juda mit seinem Vater Josaphat und giebt dem ersteren nur 4—5 Jahre Alleinherrschaft.[1]) Richtig hat aber Spinoza hier auf eine verschiedenartige Bezeichnung aufmerksam gemacht, die auf Verschiedenheit in den Quellen beruht.

Die Bücher der Chronik hält er für lange nach Esra (wahrscheinlich nach Wiederherstellung des Tempels durch Judas Makkabäus) geschrieben. — Nach 1. Chron. 9, 3 ff. werden die Familien aufgezählt, welche zuerst — d. h. doch offenbar nach Wiederherstellung der Stadt, also zur Zeit Esra's — zu Jerusalem gewohnt hätten, v. 17 Thürhüter des Tempels genannt, deren zwei sich Neh. 11, 19 finden, woraus auf die Abfassungszeit zu schliessen ist. — Ueber den Verfasser ist Spinoza unentschieden, doch wundert er sich über Aufnahme dieser Bücher in den Canon, aus dem das Buch der Weisheit, Tobia u. a. wegblieben.

Dagegen sagt Carpzov P. I, p. 288: „Istud vero familias illas et janitores ostendere nemo facile inde elicuisset, nisi aeque perversae mentis ac argutator Theologo-Politicus, qui revera hic quod operae pretium sit, non habet. Quid enim prohibet, quo minus familias sibi coaevas describere Esdras potuerit? aut num templo vix restituto janitores esse nulli aut nominari minime ab Esdra poterant? Finitam enim templi structuram ejusque inaugurationem ipse cum recenseat libri sui c. 6, 15 ff., cur non janitores in Chronicis nominare queat? Allein Esra und Nehemia lebten sehr lange nach Esra c. 10, 6; Neh. 12, 22.

Huetius sagt l. c. p. 213ᵃ: Haec satis obscura sunt, nam quod familias Babylone Hierosolymam reversas ibique constitutas et templi janitores historicus recenseat, cur inde sequatur librum Juda Maccabaeo recentiorem esse non satis intelligo. Nisi forte censuit in Urbe non-

---

[1]) So auch Huetius demonstr. ev. p. 210.

dum penitus reaedificata et templo vix restituto neque janitores officiis fungi potuisse, quae tamen facta fuisse apparet ex libris Esdrae; in quibus pleraque etiam eorum nomina exstant quae nono hoc capite prioris Paralipomenon commemorantur.

Auch jene wenigen Bemerkungen Spinoza's deuten aber auf den richtigen Weg. Hat man doch neuerdings die Meinung, dass Esra der Verfasser sei, allgemein aufgegeben. — Die grosse Menge von Abweichungen, die zwischen der Chronik und den B. B. der Könige Statt finden, hat Spinoza gekannt und die völlige Willkür in den rabbinischen Ausgleichungsversuchen auf das Stärkste perhorrescirt. So wenn z. B. 2. Chor. 22, v. es heisse „Ahasja war 42 Jahr alt beim Antritt der Regierung", so wollen sie dies nicht von seiner Geburt sondern von der Regierung Omri's an gerechnet wissen. Dann sagt Spinoza muss der Chronist nicht haben sprechen können, dann hört alle norma interpretandi auf, Rabbini delirant commentatores autem somniant. -- Doch dies gehört in die Hermeneutik. Davon hernach! —

Huet. l. c. p. 213. bringt hier eine Ansicht, die sich auch bei Alsted. chronol. tit. 56 findet „facilis est conjectura lapsum hic impingenda numeri nota librarium, ut alias saepe contingit et pro כ notatum מ quod penitus confirmatur ex interpretatione LXX $\dot{\varepsilon}\tau\tilde{\omega}\nu$ $\dot{\varepsilon}\dot{\iota}\varkappa o\sigma\iota$ $\varkappa a\dot{\iota}$ $\delta\acute{v}o$." — (Es ist offenbar dass die LXX nach 2. Kön. 8, 26 corrigirt haben.)

Der Ansicht Spinoza's trat bei Cappellus, Critica sacra, der 1. Chron. 188 verderbte LAA zählt, 2. Chron. desgl. 53. —

Carpzov l. c. P. I., p. 292 sagt: „omnes istae $\dot{\varepsilon}\nu a\nu\tau\iota o\varphi a\nu\acute{\iota}a\iota$ aut lectionum varietates maxime circa numerorum diversitatem, interpretum dexteritate et studio conciliatae dudum et sublatae sunt." Dazu führt er unter andern Glassius an, der aber in seiner philologia sacra l. I., p. 114 wörtlich in Bezug auf unsere Frage sagt: „nos non immerito" „inexplicabilem hanc esse quaestionem cum Hieronymo arbitramur" und sich nur damit tröstet, dass wie ein ins Wasser geworfener Stein doch nicht das Ganze trübe, so auch eine Verstümmelung des Textes doch nicht den ganzen Text unsicher mache.

Carpzov selbst versucht p. 266 folgende Lösung: die Zahl 22 (2. Kön. 8, 26) bezeichne das wirkliche Alter, die Zahl 42 gehe entweder (!) auf die samaritanische Aera, in der beim Regierungsantritt des Ahasja 42 Jahre verflossen waren (und das soll hebräisch heissen: בן ארבעים ושתים שנה אחזיהו במלכו!) oder es beziehe sich „ad idolatriam regni sui, quod filius 42 annorum in regno idolatrico dicatur" (wovon kein Wort im Texte steht!) —

Die Psalmen erachtet Spinoza zur Zeit des zweiten Tempels (freilich etwas allgemeine Bestimmung) gesammelt und in 5 Bücher getheilt. — Er führt noch an als eine zu Philo's Zeit verbreitete Meinung, dass Ps. 88 während Jojachims Gefangenschaft und Ps. 89 nach seiner Befreiung verfasst sei. —

In der Hauptsache hat er auch hier wieder das festgestellt, was bis jetzt von der Kritik als die richtige Ansicht über die Entstehungszeit der Psalmsammlung aufrecht erhalten wird.

Jedoch die 5 B. B. der Ps. lagen bereits erkennbar vor und sind alte Abtheilungen, nicht etwa erst, wie Spinoza hier anzunehmen scheint, nach der Vollendung der Sammlung willkürlich gemacht.

Die Sprüche Salomo's lässt er zu derselben Zeit oder frühestens zu Josia's Zeit gesammelt werden auf Grund von c. 24, 35. Dagegen Huet. l. c. p. 242: „quia quaedam Salomonis proverbia ab Ezechiae regis viris sunt collecta hinc concludit acutus ille philosophus collecta ea esse secundi templi vel Josiae certe regis aevo. Cui pro responsione bonam mentem precamur.

Carpzov l. c. P. II., p. 186 macht geltend, dass Hiskia doch 80 Jahre vor Josia, zwei Jahrhunderte aber vor der Herstellung des zweiten Tempels gelebt habe. —

Und in der That sieht man nicht ein, wie Spinoza zu jenem Schlusse kommt.

Es geht daraus nur hervor, dass eine spätere Sammlung von Sprüchen c. 25—29 zu Hiskia's Zeit veranstaltet wurde. — Doch ist die Ansicht Spinoza's soweit sie auf die letzte abschliessende Spruchsammlung bezogen wird, annehmbar.

Es ist doch auch die neuere Forschung nicht zu viel sicherern Resultaten gelangt. So sagt Bertheau Einl. zu den Sprüchen Salomo's p. XL. „Der Verfasser unseres Buchs kann erst nach Hiskia etwa gegen Ende des 7. Jahrh. gelebt haben. Er kann aber auch noch später gelebt haben."

Die profetischen Bücher im Allgemeinen erkennt Spinoza als Fragmente, die aus verschiedenen Sammlungen der profetischen Weissagungen zusammengeschrieben seien und zwar ohne die ursprüngliche Anordnung nach einander wie es gerade kam hingestellt. —

Niemand, der die Sache unbefangen ansieht, wird sich der Richtigkeit dieser Beobachtung verschliessen können. — Ausserdem macht er noch darauf aufmerksam, dass uns manche profetische Schriften verloren gegangen sind, so die der Profeten zu Manasse's Zeit. 2. Chr. 33, 10. 18. 19., die Weissagungen des Jona, die sich auf Israel beziehen. 2. Kön. 14, 25.

Die allgemeine Behauptung von der Verwirrung der einzelnen Profetien wird von den Apologeten so beantwortet:

Huet. l. c. p. 260: inde maxime apparet non esse id humanae mentis opus, res conserte contextque explicantis et rationum cohaerentiam sequentis, sed afflatu potius coelesti instinctae et agitatae ac res futuras per intercisa et salebrosa pandentis oracula, quorum obscuritas per ipsos demum eventus rerum erat illustranda. Vgl. l. c. p. 263. Vgl. Carpzov P. III., p. 41. — Vitringa in Jes. prolegg. p. 12 ff.

Besonders charakteristisch ist, was in dieser Beziehung Carpzov P. III., p. 144 sagt: Die Verwirrung in den Orakeln des' Jeremias sei ohne Zweifel vom Profeten selbst beabsichtigt nach dem Grundsatz des Hieronymus: Die Profeten schrieben utcunque audientibus atque lecturis utile noverant (wobei man freilich nicht einsieht, wie sie es für nützlich halten konnten, dass wir aus dem Zusammenhange ihrer Reden nicht klug würden) oder wie die jüdischen Lehrer diese Form als das מיקדם ומאוחר ὕστερον πρότερον bezeichneten. — Die Profeten müssten bei dieser Anordnung, meint Carpzov, tiefere Gründe gehabt haben, die wir freilich nicht durch dringen könnten (wodurch aber die ganze Sache für uns ihren erbaulichen Werth verliert). — Vom heiligen Geist zu sagen, er sei hierbei tumultuaria opera verfahren (heisst es p. 162) dictu blasphemum foret. So wird die Confusion gewissermassen zu einem göttlichen Privilegium erhoben.

Im Buch des Jesaja vermissen wir, fährt Spinoza fort, sowohl die Weissagungen aus der Zeit Usias, unter dessen Regierung er doch schon prophezeiete c.1,1 als auch die von Jesaja beschriebene Geschichte dieses Königs, die 2. Chor. 2. 6, 22 erwähnt wird. — Auch die Rabbinen scheinen der Meinung gewesen zu sein, dass wir nicht alle Weissagungen des Jesaja besitzen, denn sie lassen ihn noch zu Manasse's Zeit wirken, was freilich fraglich ist. — Auf die Kritik des Vorhandenen geht er weiter nicht ein. —

Die Unvollständigkeit der jesajanischen Weissagungen gestehen auch die Apologeten zu; Carpzov P. III, p. 101 mit der Bemerkung, Jesaja habe nur die diejenigen Weissagungen in seine Sammlung aufgenommen, welche der Kirche oder der Gemeinde Israel zum Nutzen gereichten; ähnlich verhalte es sich mit den fraglichen Weissagungen zur Zeit Manasse's. — Die Geschichte des Usia sagt Huet. l. c. p. 260 habe von Hause aus nicht unter Jesaja's Weissagungen gestanden, sondern sei ein besonderes Werk gewesen, das verloren gegangen sei; wobei nur zu fragen ist, woher er diese specielle Nachricht erhalten hat. Für die Sache selbst ist dies ausserdem vollkommen gleichgültig. Weissagungen aus Usia's Zeit meint er seien Jes. c. 1 5, was heut zu Tage zu widerlegen überflüssig ist.

Die Weissagungen des Jeremia sind nach Spinoza ohne alle chronologische Ordnung, auch finden sich darin Wiederholungen und abweichende Berichte. — Dazu bringt Spinoza folgende Belege: c. 21 erzählt die Gefangennahme des Profeten, die geschieht, weil er dem Zedekia den Untergang der Stadt vorhersagt, c. 22 bricht ab und erzählt die Weissagungen die an Zedekia's Vorgänger Jojachim gerichtet sind, dann bringt c. 25 die Weissagungen aus dem vierten Jahr Jojakims, darauf folgen Weissagungen aus dem ersten Jahre dieses Königs und so geht es ohne alle Ordnung fort, bis endlich c. 38 (als wären diese 15 Kapitel blosse Parenthese) wieder unmittelbar v. 1. mit וַיִּשְׁמַע an c. 21, 10 anknüpft.

Die Gefangennehmung wird alsdann c. 38 ganz anders als c. 37 beschrieben. — Die übrigen Profetien hält Spinoza für entlehnt aus dem Buche, das Jeremia dem Baruch dictirte, welches nach c. 36, 2 die Weissagungen des Jeremia von Josia an bis zum 4ten Jahre Jojakims enthielt. Hieraus scheinen auch c. 43, 2—c. 51, 59 genommen. — Diese Hypothese ist später von Movers und Hitzig weiter ausgebildet worden.*

In Bezug auf die Verwirrung dieser Profetien bemerkt Huet. l. c. p. 263, es sei die schriftliche Abfassung derselben nicht dem Profeten selbst, sondern dem Tempelschreiber zuzuschreiben, der die Orakel notirt habe. Doch nimmt er hernach selbst diese Auskunft theilweise wieder zurück und sagt: „es gelte das nicht von allen Orakeln, bemerkt nun aber nicht weiter, von welchen und wie dann überhaupt der eigentliche Verhalt der Sache gewesen sei, so dass es scheint, als nehme er das profetische Privilegium der Confusion auch für seine eigenen Ausführungen in Anspruch.

Die von Spinoza behaupteten geschichtlichen Widersprüche werden von den Apologeten geleugnet und bei dieser Frage wird manche durchaus zutreffende Entgegnung von denselben beigebracht.

1) c. 21 handle gar nicht von der Gefangennehmung des Jeremia. Huet. l. c. p. 265. Carpzov l. c. P. III, p. 162. Indessen wer c. 21, 9 ff. vergleicht mit c. 38, 2 ff. kann sich dieses Gedankens kaum erwehren.

2) c. 21 hänge nicht mit c. 37 zusammen. Es sei eine doppelte Gesandtschaft des Zedekia an Jeremias anzunehmen: im ersten und zweiten Jahre der Belagerung. (Gegen die Zulässigkeit einer solchen Annahme lässt sich allerdings nichts einwenden. Auch Hitzig tritt ihr bei. Einl. zu Jeremias p. XI, vgl. auch p. 160.)

3) c. 38 gebe Reden an das Volk, nicht Antwort an die Gesandten. (Indessen auch c. 21, 8 ff. wendet sich an das Volk.)

4) c. 37 und 38 enthalten ganz verschiedene Geschichten, die nur in einigen Nebenumständen zusammentreffen. (Es ist allerdings ganz ausser Zweifel, dass hier zwei verschiedene Gefangenschaften vorliegen und dass c. 38 die Fortsetzung von c. 34 bildet.)

Das Buch des Ezechiel kündigt sich nach Spinoza durch seinen Anfang, der auf andere Weissagungen zurückweist, als Fragment an. Sowol ויהי knüpft an Früheres an, als auch die Zeitbestimmung: „Es war im dreissigsten Jahr"; v. 3 deutet ebenfalls auf ein Fortfahren in der Erzählung („es geschah oft [הָיֹה הָיָה] das Wort des Herrn an Ezechiel"). — Ausserdem führt Spinoza hier noch an, dass nach Joseph antiquitt. 10, 9 Ezechiel geweissagt haben soll: Zedekia werde Babylon nicht sehen," wovon sich aber im A. T. nichts finde, vielmehr werde Ezechiel c. 17 Zedekia gefangen nach Babel geführt.

Hier giebt er also nur ein Paar dürftige Bemerkungen über die Integrität. —

Dagegen erwidern die Apologeten Folgendes:

1) Huetius macht in Bezug auf ויהי die harmlose Bemerkung l. c. p. 277. Diese Conjunction sei sehr häufig im Anfange von Büchern, neque semper copulam significat, sed saepe ab Ebraeis vel ornatus adhibetur gratia vel aliis de causis quas afferunt grammatici.

Schärfer Carpzov l. c. P. III, p. 216: „Quod vel tirones exsibilant quibus ex Grammaticis praeceptis et usu linguae constat cum frequentem particulae ו pleonasmum in operum auspiciis dari . . . . tum usum ejus conversivum locum hic habere ut et futurum in praeteritum convertat et verba exteriora cum visione interiore conjungat. So erkläre es schon Gregor M. in Ezech. lib. I. „es verbinde das innerlich vernommene Wort mit dem äusserlich gehörten."

Diese letzte Erklärung ist natürlich ganz unzulässig, aber andererseits ist auch der Schluss Spinoza's von der Partikel auf einen fragmentarischen Charakter des Buchs gänzlich verfehlt.

Es ist der geschichtlichen Darstellung des alten Testaments eigenthümlich, die erzählten Ereignisse stets in Beziehung zu vorangegangnen zu denken. Darum ist das imperf mit ו convers. das eigentlich historische Tempus vgl. Jona 1, 1.

2) Carpzov l. c. Das dreissigste Jahr sei nicht das seiner Wirksamkeit, sondern seines Lebens. — Huetius l. c. es sei von der Zeit an gerechnet, wo Helcias das Buch des Gesetzes im Tempel fand.

Sie beachten beide den Kern des Spinoza'schen Einwurfs nicht, dieser spricht über die Bestimmung des dreissigsten Jahres selbst gar nichts aus, sondern will nur sagen: aus jenem Datum, das doch an sich unverständlich sei, ergebe sich der fragmentarische Charakter des Buchs. Es setze dasselbe nothwendiger Weise vorher erzählte Ereignisse voraus.

Indessen ist dies nicht zuzugeben: das dreissigste Jahr in v. 1 ist mit dem fünften Jahr von v. 2 zusammenzustellen, letzteres giebt bestimmt an, dass es von der Wegführung Jojakin's an gerechnet sein will, in denselben Zeitpunkt fällt also auch das dreissigste Jahr. Es ist also das Jahr 595 a. Chr. gemeint. Von wo ab nun das dreissigste Jahr zu rechnen sei, ist streitig, für die von Spinoza angeregte Frage ist aber die Entscheidung hierüber ganz gleichgültig.

3) Carpzov l. c. הָיֹה הָיָה sei nicht = saepe, sondern gebe nur visionis certitudinem an. — Und in der That liegt der Begriff „oft" nicht nothwendig im inf. absol.

4) Die Anführung des Josephus sei ganz verunglückt. Carpzov l. c. P. III p. 217. Huet. l. c. p. 278.

Die Stelle bei Joseph. antiquit. l. 10 c. 10. sage nicht, dass Ezechiel andere Weissagungen ausgesprochen habe als die heute in seinem Buche stehenden, sondern „Zedekia habe deshalb den beiden Profeten Jeremias und Ezechiel keinen Glauben geschenkt, weil beide über ihn verschiedene Aussagen gethan hätten."

Nach Josephus liegt die Sache so, dass beide Profeten darin übereinstimmen ὥς τε ἡ πόλις ἁλώσεται καὶ Σεδεκίας αὐτὸς αἰχμάλωτός ἐσται — διεφώνησε δὲ Ἰεζεκίηλος, εἰπὼν οὐκ ὄψεσθαι Βαβυλῶνα τὸν Σεδεκίαν, τοῦ Ἱερεμίου φάσκοντος αὐτῷ ὅτι δεδεμένον αὐτὸν ὁ Βαβυλώνιος ἀπάξει βασιλεύς. Vgl. Jerem. 32, 4, 5 mit Ezech. 12, 13. — Allein es sei kein Widerspruch, wie Zedekia wähnte, der die Worte „er werde Babel nicht sehen," so verstand, als „werde er gar nicht dorthin kommen", beide Orakel gingen in Erfüllung, Zedekia ward gefangen gen Babel geführt, sah es aber nicht, weil ihm Nebucadnezar die Augen ausstechen liess. —

Spinoza würde wol kaum jene Ansicht des Josefus citirt haben, wenn er an die Stelle Ezech. 12, 13 gedacht hätte, wo ausdrücklich der Herr sagt: „ich werde ihn nach Babel bringen ins Land der Chaldäer, aber er wird es nicht sehen." Hier ist jenes Missverständniss worauf Josefus hindeutet, schlechthin ausgeschlossen. —

Unter den kleinen Profeten bespricht Spinoza den Hosea mit der kurzen Bemerkung, es sei auffallend, dass wir von einem Profeten, der 84 Jahr weissagte, nur so wenig hätten. —

Dagegen sagt Carpz. P. III., p 285. Quo consilio talia deblateret μισόβιβλος facili conjectura assequi datur, ut Hoseae liber mutilus hinc et mancus colligatur et ἐρείπνιον καὶ ἀποσπασμάτιον majoris longe ac amplissimi operis censeatur, quod plus quam 84 annorum visiones atque sermones fuerit complexum. — Und nun wird die alte Entgegnung wiedergebracht: „Gott liess nur diejenigen Weissagungen aufschreiben, von denen ein Nutzen für die Kirche aller Zeiten sich erwarten liess." — Neque enim voluit immensa librorum copia Deus ecclesiam obruere ac onerare (das konnte er getrost den lutherischen Theologen überlassen!) sed paucis complecti quae ad salutem animae obtinendam . . . . necessaria judicarit. — Aus diesem Grunde, schliesst er, schrieben manche Profeten und Apostel gar nichts. — Was freilich ein schlechtes Präjudiz gegen sie erweckt! —

Beim Buche Hiob berührt Spinoza die Frage ob hier eine Parabel vorliege oder eine Geschichte und lässt sie unentschieden. Hoc conjicio (fährt er fort) Jobum gentilem aliquem fuisse virum et animi constantissimi, cui primo res prosperae deinde aversissimae et tandem felicissimae fuerunt. Eine Vermuthung zu der gerade kein grosser philosophischer Tiefsinn nöthig war! Sein Schicksal meint Spinoza habe vielfach Gelegenheit gegeben über die göttliche Vorsehung zu streiten und dem Verfasser Veranlassung geboten, darüber vorliegenden Dialog zu componiren: nam quae in eo continentur (heisst es weiter) ut etiam stylus non viri inter cineres misere aegrotantis sed otiose in musaeo meditantis videntur.[1]) — Die Darstellung ausserdem: die göttliche Versammlung, Satans Redefreiheit und dergleichen deuten ihm auf ursprünglich heidnische Poesie und Aben-Esra's Conjectur, dass das Buch erst ins Hebräische übersetzt sei, erscheint ihm nicht unannehmbar. — Den letzten Punkt betreffend genügt es Einfluss ausländischer Poesie auf die hebräische anzunehmen. —

Dieses aber erregte bei Carpzov heftigen Zorn, P. II., p. 66 sagt er: vix aliud blasphemius poterat scomma contra divinum monumentum impurus scurra effutire, quam summum ac verum Deum qui suam alteri daturum se gloriam negat et tanto ubique zelo gentilium Diis opponit, cum Saturno forte an Jove Deorum patre, idolatriae gentilis principe, Satanam cum aliquo Momi figmento (sogar dafür ereifert er sich also, dass diesem die nöthige Ehre widerfahre) angelos cum gentili Deorum collegio contendendo. Ut vero taceam dudum ante Graecorum poetarum immo ante Solonis tempora, ut in vulgus notum est Johi librum exaratum ecclesiaeque publico receptum fuisse usu nec adeo nominari posse poetarum ullum, qui tantam ferat aetatem ut ad ejus numeros vel modos componi noster potuisset. — Natürlich hatte Spinoza an Vorbilder morgenländischer Poesie gedacht. —

---

[1]) Ganz ähnlich Hobbes a. a. O. p. 178: „Versus . . neque illis, qui in magnis doloribus constituti sunt, ut Job, nec illis qui consolaturi miseros veniunt ut amici ejus, stilus usitatus est, sed philosophis moralibus priscis frequentissimus." —

Jene Conjectur Aben-Esra's beruht übrigens nur auf einem Missverständnisse der Schlussworte, welche sich bei den LXX hinter dem Buch Hiob finden: οὗτος ἑρμηνεύεται ἐκ τῆς Συριακῆς βίβλου . . . wo Συριακός so viel als Ἑβραικός bedeutet.

Vom Buch Jona behauptet Spinoza c. 10: es sei der zweite Theil eines grössern Werks, das verloren gegangen sei.

Huet. p. 300 bemerkt dagegen, dass dies unsicher sei, aber gesetzt auch: es sei der Fall, fährt er fort, quid inde illi ex autoritate decederet non intelligo. Das hatte ja auch gar Niemand behauptet! —

Daniel c. 1—7 lässt Spinoza ex chronologiis Chaldaeorum entnommen sein, von c. 8 beginnen Daniel's eigene Schriften. — Doch dies Urtheil beruhte blos auf dem Personenwechsel c. 8, der erklärlich ist, weil hier auf den historischen Theil der profetische folgt.

Verschiedenheit des Verfassers anzunehmen liegt deshalb kein Grund vor.

Carpzov P. III, p. 253 ff. fragt: „wo bekamen denn die Juden in der Zeit des Judas Maccabäus diese Annalen her? — Haben sie etwa bei ihrer Rückkehr von ihren Siegern sich diese Documente ausgebeten? Und wer bewahrte denn diese Bücher auf, zumal in der ersten Zeit, wo jeder ganz mit Aufbau des Hauses und Wiederherstellung seiner Verhältnisse beschäftigt war? — Adeo, schliesst er, profecto temere finguntur omnia ut frontem omnem posuisse homo videatur. —

Indessen ist doch zu sagen, dass bei der hohen Stellung, welche manche Juden während des Exils einnahmen (Nehemia), ein Zutritt zu jenen Geschichtsquellen an sich sehr wahrscheinlich ist. — Die Schwierigkeit der Aufbewahrung bestand ebenso für die heiligen Schriften. —

An Daniel schliessen sich die Bücher Esra, Esther und Nehemia an, die nach Spinoza von demselben Verfasser herrühren, der das erste grosse Geschichtswerk fortzusetzen unternahm und die Geschicke des Volks von der ersten Gefangenschaft bis zur Wiederherstellung der Stadt und des Tempels berichtete. —

Sie sind theilweise sehr eng verbunden ויהי in Esther 1, 1 weist auf Esra zurück. (Dies möchte schwer zu erweisen sein!)

Carpzov p. 253 sagt: Der Zusammenhang zwischen Daniel, Esra und Esther sei durch nichts zu erweisen. — Sie hängen der Zeit nach nicht zusammen, denn Daniel schliesst mit dem dritten Jahre des Cyrus, Esra beginnt mit dem ersten, dem Inhalte nach nicht, da Daniel vom Ende der Welt, Esra von der Rückkehr aus Babylon handelt, noch auch durch äussere Verbindung.

Ein Zusammenhang von Daniel und Esra lässt sich in der That nicht nachweisen.

Die Zusammengehörigkeit von Esra und Nehemia war bei den palästinischen und griechischen Juden Tradition. —

Neuerdings lässt auch Ewald beide Bücher von demselben Verfasser, dem der Chronik, herrühren.

Dass Nehemia nicht Verfasser seines Buchs war, geht dem Spinoza aus Neh. 12, 9. 10 hervor, wo die Genealogie der Hohenpriester bis auf Jadduah geführt wird, der dem Alexander M. entgegenging (Joseph. antiquitt. 11, 8) und nach Philo der sechste und letzte Hohepriester der persischen Herrschaft war. Werde denn wol, fragt er, Nehemia 14 persische Könige überlebt haben? — Haevernick sucht dies zwar wahrscheinlich zu machen; wer aber möchte es ihm glauben? —

Als die Quellen dieser Geschichtschreibung sieht Spinoza die Neh. 12, 23; 1. Macc. 16, 23. 24 citirten Annalen der Fürsten und Priester des zweiten Tempels an, die uns verloren gegangen sind. —

Die Abfassungszeit setzt er lange nach Wiederherstellung des Tempels unter Judas Maccabäus und meint, diese Bücher seien besonders deshalb damals grade verfasst, um die von Sadducäern verfassten unächten Bücher Daniel's, Esra's und der Esther zu beseitigen. — Dies ist eine leere Vermuthung. —

Die den Canon und seine Geschichte betreffenden Aeusserungen des Spinoza sind wenige und zerstreute.

Den Abschluss der Sammlung setzt er nach den maccabäischen Zeiten. — Ein Resultat, an dem die Kritik bis auf den heutigen Tag festhält und immer festhalten wird. —

Als Begründer des Canons — er meint hier jedenfalls als abschliessende Begründer — sieht er die Pharisäer des zweiten Tempels an: auf Grund von Dan. 12, 2, wo die Auferstehung gelehrt werde, welche die Sadducäer leugneten, und wegen der talmudischen Stellen tractat. Sabbath. c. 2, fol. 30, p. 2 und c. 1, fol. 13, p. 2. — Doch aus diesen Stellen geht nur hervor, dass Gesetzeskundige über die Aufnahme in den Canon entschieden. —

In Bezug auf Ezechiel erwähnt Spinoza tract. c. 2, p. 27 gegen seine Canonicität seien von Seiten mehrerer Rabbinen Bedenken erhoben und man sei nahe daran gewesen, ihn zu beseitigen, da hätte Chananja versprochen: „er wolle ihn so erklären, dass aller Widerspruch mit Mose verschwinden solle." Er habe alsdann einen Commentar geschrieben, der alle Schwierigkeiten glücklich gelöst; wie er das gemacht habe, sei freilich nicht zu sagen, da dieser Commentar verloren gegangen, vielleicht habe er die anstössigen Stellen verändert. —

Mit Recht bemerkt Carpzov l. c. P. III, p. 215, dass dies doch wol schwerlich so ganz unbemerkt habe geschehen können. Spinoza verräth wenig Kenntniss der Zustände der Zeit und seines Volks, wenn er so etwas für denkbar hält. Und ausserdem zeigt ja das Vorhandensein der anstössigen Stellen im gegenwärtigen Texte, dass eben nichts geändert worden ist. Die Stelle tract. Sabbath. c. 1. Fol. 13, p. 2 lautet deutsch: „es ereignete sich einst, dass viele an der Autorität des Buchs Ezechiel irre wurden und schon im Begriff waren es auszumerzen, weil darin einige Stellen gegen das Gesetz Moses zu streiten schienen, z. B. Ezech. 44, 31 werde ein Leichnam oder das von Vögeln und Thieren Zerrissene den Priestern zu essen verboten, während im Gesetz dies allen Israeliten untersagt sei, desgl. v. 20 „so sollst du thun am siebenten Tage des Monats, wozu etwas Aehnliches sich nicht im Gesetz findet. Deshalb ging Chananja, der Sohn Hiskia's, des Sohnes Gorion, der zu seiner Zeit im grossen Ansehen stand, auf einige Zeit in seine Studirstube und schrieb dort einen Commentar zu dem Buche Ezechiels, in dem er jene Schwierigkeiten glücklich löste."

Gegen die Stellung des Daniel im Hebräischen Codex erhebt Carpzov Protest l. c. p. 254, die jüdischen Rabbinen hätten ihn so tief gestellt wegen seiner deutlich messianischen Weissagungen und behauptet Daniel habe nicht im Auftrage Gottes sondern aus eigenem Antriebe geweissagt. — Die Rabbinen lassen seine Orakel nicht aus der נבואה hervorgehen, sondern aus den רוח הקודש dem die Gemeinde beseelenden Geiste: die Stellung unter den Hagiographen ist ein unverkennbares Zeichen späterer Abfassung. —

Merkwürdig ist es aber, dass Carpzov der doch P. III. praef. ausführt, dass die christliche Kirche keinen andern Canon des A. T. haben könne als den der Synagoge und dass fälschlich ein Unterschied gemacht werde zwischen dem Canon Judaeorum und Ecclesiasticum, an dieser Stelle sich dem sonst für ihn massgebenden Urtheil der Synagoge nicht fügen will.

In Bezug auf die Textkritik bespricht Spinoza 1) die offenbaren Fehler des Textes; 2) die notae marginales, ihre Bedeutung und Geltung mit Beantwortung der Frage, warum immer nur zwei Lesarten (die des Textes und die Randlesart) sich vorfinden.

In Beziehung auf den ersten Punkt führt er als Belege folgende Stellen an:

1. Sam. 13, 1. vergl. oben p. 34. — 2. Sam. 6, 2. ist Kirjath-Jearim ausgelassen. Desgl. Thenius zu den BB. Samuel's p. 151. — 2. Sam. 13, 37 ist ebenfalls Verwirrung und Verstümmelung des Textes, was jeder zugeben wird, vgl. Thenius a. a. O. p. 188f. —

Hinsichtlich des zweiten Punktes wendet sich Spinoza zunächst gegen diejenigen, welche behaupten, eine besondere göttliche Fürsorge habe den Text der heiligen Schrift unversehrt erhalten und es seien in den verschiedenen Lesarten besondere Mysterien zu suchen. — Was sie in letzterer Beziehung vorbringen, sagt Spinoza, enthalte nichts sonderlich Geheimnissvolles sondern kindische Einfälle (pueriles cogitationes). Wenn man frage, warum haben denn die Rabbinen nicht das, was sie gelesen wissen wollten, in den Text hineingesetzt, sondern an den Rand, so könne er nicht wissen, welche superstitio die Rabbinen abgehalten habe, selbst Fehlerhaftes im Texte zu corrigiren. So viel stehe fest: „sie trugen Bedenken in re tanta das Urtheil zu fällen und setzten deshalb das zu Lesende an den Rand." — Auch seien ja nicht alle notae marginales eigentliche Lesarten, sondern bisweilen würden nur gebräuchliche Worte statt veralteter gesetzt oder Euphemismen bei Dingen, die man in späterer Zeit auszusprechen nicht für anständig hielt. — Daraus erkläre sich auch ihre Regelmässigkeit, so dass z. B statt נַעַר Fem. immer am Rande richtig נַעֲרָה gelesen werde. Dieser Fall kömmt nach Buxtorf Tiberias (ed. Basil. 1620) p. 33 in der Thora 21mal vor, nur einmal Deut. 22, 19 findet sich die Schreibung: הַנַּעֲרָה. — Spinoza hat hier nichtigen rabbinischen Vermuthungen gegenüber das Richtige erkannt.[1]) — Dass aber die notae marginales im Allgemeinen dubiae lectiones seien, führt er fort, gehe aus dem Umstande hervor, dass sie meist auf Verwechselung ähnlicher Buchstaben beruhen: ב und כ 2. Sam. 5, 24 כשמעך statt בש.[2]) — י und ו Richt. 21, 22 לריב in multitudine neben לריב ad ligitandum.[3]) א und ו als litterae quiescentes Levit. 25, 30 אשר לו הומה cui est murus statt אשר לא חומה cui non est murus.[4]) — Was die Geltung der Randlesarten betreffe, so seien sie keineswegs schlechthin vorzuziehen. 2. Sam. 4, 23 sei das עבדו des Textes besser als עבדך cf. v. 16, ebenso sei 2. Sam. 16, 23 am Rande איש gegen die Grammatik hinzugefügt. — Auch die erklärenden Lesarten seien zu verwerfen: נער sei ursprünglich communis generis wie juvenis, ירושלם sei alte Form für ירושלים.[5]) — Ebenso הוא ursprünglich auch Fem.

Endlich aber, wenn man frage, warum immer nur 2 LAA (eine Text- und eine Randlesart), so sei zu sagen, dass 1) bisweilen überhaupt nur 2 Lesarten möglich waren, wie bei der Verwechselung der ähnlichen Buchstaben, und dass 2) die Schreiber wol oft nur 2 Exemplare der Schrift hatten. So sei im Talmud im tract. Sopher. nur von 3 Exemplaren die Rede, welche der Zeit Esra's zugeschrieben wurden, und es erkläre sich diese geringe Anzahl der Exemplare aus 1. Maccab. 1 und Joseph. antiquitt. 7, 12. — Ursprünglich aber seien mehr LAA gewesen, wie der Talmud beweise, von den Masorethen aber seien diese vernachlässigt worden.

---

[1]) Asarja de Rossi meinte in Meor enayim III, cap. 23: „es stehe נַעַר von jedem noch nicht mannbaren Mädchen", andere: „es stehe von der Rebecca Genes. 24 wegen ihrer männlichen Vorsicht.

[2]) ב und כ sind nach Buxt. l. c. 11mal in der Masora verwechselt.

[3]) לריב bedeutet auch hier ad ligitandum, vgl. Richt. c. 11, 25 רִיב. — Es sind verschiedene Bildungen desselben Stammes. Aehnliche Fälle zählt Buxt. l. c. 76 auf, die Ewald krit. Grammat. S. 295 no. 1 gesammelt hat.

[4]) Neben לֹ und לֹא setzt Hitzig, Begriff der Kritik p. 141 ff. auch die Verwechselung von לֹו und אֲל. —

[5]) Auch diese Ansicht Spinoza's wird durch neuere Forschung bestätigt. So sagt Gesen. thesaur. P. II, p. 629 s. v. ירושלים: „sic statuendum videtur antiquitus pronuntiatum esse שָׁלֵם pax, incolumitas, extrema autem aetate argutem coepisse multos שלים scribere idque nomen plurale (duale?) habere proprie שָׁלַיִם efferendum eamque sententiam seculo septimo vel octavo quo puncta apposita sunt ita invaluisse, ut grammatici pronuntiationem schalajim ubique restituendam existimarent. Ebenso nennt Olshausen Lehrbuch der hebr. Sprache p. 623 die Aussprache Jeruschalajim eine jüngere, die aber nur als lautliche Ausartung der andern anzusehen sei. —

B. Hermeneutik.

Seine hermeneutischen Prinzipien entwickelt Spinoza in cap. 7 seines tractatus, welcher die Ueberschrift führt de interpretatione scripturae. —

Alle beinahe, so beginnt er, verkaufen ihre Einbildungen als Gottes Wort und das Bestreben der Ausleger ist meist nur dahin gegangen, ihre Satzungen aus der heiligen Schrift mit Gewaltsamkeit herauszupressen, wobei oft mit grossem Leichtsinn gegen die letztere verfahren ward wie sie ja bisweilen aus solchen Absichten sogar gefälscht wurde. Neben dem leidenschaftlichen Eifer für menschliche Ansichten, die man auf diese Weise der Schrift aufbürdete, hat nach Spinoza der rechten Erklärung derselben auch besonders der Aberglaube geschadet. Denn man habe vielfach gemeint, die Schrift am Besten zu erklären, wenn sie der Vernunft und Natur am Meisten widerstrebe. In solchen Dingen habe man dann tiefe Mysterien, Offenbarungen des heiligen Geistes gefunden und mit leidenschaftlichem Eifer wahrhafte Träume vertheidigt. Ita enim, so schliesst er, cum hominibus comparatum est, ut quicquid puro intellectu concipiunt solo intellectu et ratione, quicquid contra ex animi affectibus opinantur iisdem etiam defendant. — Es sei daher, um solcher willkürlichen Behandlung der heiligen Schrift einen Damm zu setzen, hochnöthig, de vera methodo scripturam interpretandi zu handeln.

Sein oberster Grundsatz ist hier: „die Methode, die heilige Schrift zu behandeln und zu erklären, ist nicht verschieden von der, die Natur zu erklären". Wie man bei der Naturforschung von festen Daten ausgehe und von dem Bekannten und Gegebenen aus das Unbekannte ergründe: so müsse man auch bei der Erklärung der Schrift zunächst feste Grundlagen zu gewinnen suchen, von denen aus man dann einen sichern Ausgangspunkt zum Verständniss des Einzelnen habe. — Wie man ferner bei der Erklärung der Natur immer nur die Natur selbst (nichts ausserhalb derselben Liegendes) zu Rathe ziehe: so dürfe man auch die Schrift immer nur aus der Schrift selbst erklären.[1] — Zu den nothwendigen Grundlagen für das Verständniss des A. T. insbesondere rechnet nun Spinoza zunächst: „die Kenntniss der Sprache, in der die Bücher des alten Bundes geschrieben sind." Ihre Natur, ihre Eigenthümlickeit ist zu erforschen, und insbesondere festzustellen, in welchem Sinn jedes Wort, jede Phrase bei den Hebräern gebraucht worden ist. Es ist hiermit kurz die Nothwendigkeit einer grammatischen und lexikalischen Kenntniss des Hebräischen angedeutet. —

In Beziehung auf das sprachliche Verständniss hebt Spinoza folgende Schwierigkeiten hervor: 1) Es entstehe häufig Dunkelheit durch Vertauschung der Buchstaben. So werde אל

---

[1] Nobis non licet ad dictamina nostrae rationis ... mentem scripturae torquere sed tota bibliorum cognitio ab iisdem solis est petenda.

oft für בַּל gebraucht (vgl. hierüber Ewald ausführl. Lehrb. der hebr. Sprache §. 217 i. extr.) 2) Die vielfache Bedeutung der Conjunctionen und Adverbien lasse oft Zweifel über den Sinn entstehen. Die Partikel ו diene bald ad conjungendum, bald ad disjungendum, bezeichne: et sed quia autem tum (vgl. Gesen. thes. p. 393 ff., wo 6 Hauptbedeutungen und bei einigen wieder 10 Unterschiede des Gebrauchs angeführt sind). — Die Partikel כִּי habe 7 bis 8 Bedeutungen, könne = quia quamvis si quando quemadmodum quod combustio sein (combustio gehört nicht unter die Partikel כִּי, sondern ist Uebersetzung des Subst. פִּי (= בְּרִי), das von der Wurzel בער urere herzuleiten ist). — 3) Die Verba haben kein Präsens, Imperfectum, Plusquamperfectum und eigentliches Futurum. Das Futurum wird häufig gleichbedeutend dem Präsens und Präterium, und umgekehrt werden die Formen des letzteren oft für das erstere gebraucht. — (Es drängt sich hier die Erkenntniss durch, dass dem Hebräischen die Tempusbezeichnung im strengeren Sinne fehlt.) — Von den Modis fehlt der Conjunctiv ganz, Infinitiv und Partizip kommen nur in präsentischer Bedeutung vor. (Letzteres ist entschieden falsch: das Partizip kann den Sinn des Futurs haben, vgl. Jes. 5, 5: עֹשֵׂה; Jona 1, 3: בָּאָה ein Schiff das segeln wollte; Sach. 2, 6: הֹלֵךְ wohin bist du im Begriff zu gehen u. dgl. — Es liegt eben in der hebräischen Infinitiv- und Partizipialform an sich gar keine Tempusbezeichnung. — Das Fehlen der übrigen Modi ist auch nur so zu verstehen, dass eine bestimmte Form für dieselben nicht vorhanden ist, nicht so, als ob der Hebräer so zu sagen das Gefühl des Modus selbst nicht gehabt hätte. Denn wenn es z. B. Proverb. 5, 14 heisst: כִּמְעַט הָיִיתִי so liegt hier in der Verbalform ganz offenbar der Modus des Conjunctivs eingeschlossen. Man muss übersetzen: um ein Geringes so wär' ich gewesen = so wäre es mit mir vorbei gewesen) — 4) hebt Spinoza hervor, dass der hebräische Text keine Vocale und 5) dass er keine Wort- und Satzabtheilung kenne. — Die Punkte und Accente sind erst später hinzugefügt und haben demnach für uns keine andere Autorität, als die eines jeden beliebigen Auslegers. Das N. T. zeigt sich auch davon unabhängig. So steht Genes. 47, 31: „und es kniete Israel an dem Ende des Lagers" עַל־רֹאשׁ הַמִּטָּה; dagegen Hebr. 11, 21: καὶ προςεκύνησεν ἐπὶ τὸ ἄκρον τῆς ῥάβδου αὐτοῦ. = עַל־רֹאשׁ הַמַּטֶּה. Das Wort מטה liess sich auf beide Art lesen. — Daraus ergiebt sich für den Ausleger des A. T. die Regel: „de punctis dubitare et rem de integro examinare". —

Diese Forderung war schon vorher erhoben und mit grösserer Ausführlichkeit und wissenschaftlichem Material begründet von Cappellus im arcanum punctationis revelatum, Leyden 1624, später auch in der Critica sacra 1640.

Neuerdings ist sie von Hitzig, Begriff etc. p. 119, dahin geändert: die Wortkritik müsse sich vorzugsweise auf die Consonanten richten, da die eigentlichen Fehler des Textes vorzugsweise in diesen steckten, indem die Vocalpunkte im Allgemeinen von der Tradition richtig fixirt worden seien.

Ferner gilt die Kritik der einzelnen Bücher, des Textes, des Canons — kurz die Kenntniss der Geschichte der heiligen Schriften, von deren Behandlung bei Spinoza wir oben geredet haben, demselben ebenfalls als Fundament für die Auslegung (vgl. oben p. 9).

Hat man diese Grundlagen gewonnen, so schlägt Spinoza vor, die Meinungen eines jeden Buchs nach gewissen Rubriken zu ordnen und besonders die streitigen und unklaren Sendenzen anzumerken. Doch macht er hierbei zugleich auf den sehr wichtigen Grundsatz aufmerksam, man dürfe nicht verus sensus mit veritas verwechseln. Es handle sich blos um das richtige Verständniss des Gesagten nicht um die Wahrheit desselben an sich, daher sei der buchstäbliche Sinn einer Stelle, wenn er nur sonst mit den Grundanschauungen der heiligen Schrift übereinstimme, beizubehalten auch wenn er dem lumen naturale entgegen sei. Z. B. der Satz des Mose: „Gott ist ein Feuer" sei zunächst an sich klar und wir dürfen nicht danach fragen, ob er mit der Vernunft stimme, sondern nur wie er sich zu den sonstigen Aeusserungen des Mose über Gott verhalte. — Nun sage Mose anderweit: Gott habe keine Aehnlichkeit mit sichtbaren Dingen. Daraus gehe hervor, dass jener Ausdruck vom Feuer bildlich zu nehmen sei. Hätten wir nun keine weiteren alttestamentlichen Belege von der Art, wie der Begriff „Feuer" bildlich gefasst wird: so wäre in Beziehung auf obigen Satz das Urtheil zu suspendiren. Allein Hiob 31, 12 sei ganz klar ignis = ira gebraucht und daraus ergebe sich, dass der Satz Mose's Deus est ignis = Deus est zelotypus sei.

Die Nüchternheit und Dürftigkeit dieser Ausführung erinnert etwas an ähnliche Leistungen aus der rationalistischen Schule, welche auch die „Armuth an Geist" als Zeichen der Vernunftmässigkeit ansah. — Wir können es nach dieser Probe in der That nicht bedauern, dass der Philosoph sich nicht des Weiteren mit der Bibelauslegung befasst hat; es würden da sicherlich sehr sonderbare Dinge zum Vorschein gekommen sein. —

Zunächst ist die Hiobstelle gänzlich missverstanden. Der Zusammenhang ist folgender. Hiob sagt, sein Leiden würde als eine gerechte Strafe ihn getroffen haben, wenn er dieser oder jener Missethat sich schuldig gemacht hätte: so z. B. wenn er dem Weibe seines Nächsten nachgestellt hätte, denn „das sei Frevelthat, ja Feuer sei es, das bis zur Hölle frisst." — Hier ist das Feuer doch offenbar bezogen auf die unreine Begierde, welche ins Verderben führt.

Sodann begreift man nicht, warum sich Spinoza's lumen naturale aus dem Hiob Befriedigung holt, da in der von ihm doch offenbar hier angezogenen Stelle Deut. 4, 24 der Paralellismus die ganz einfache Erklärung bietet אֱלֹהֶיךָ אֵשׁ אֹכְלָה אֵל קַנָּא.

In der That, hätten wir auch gar keine „alttestamentlichen Belege", so müsste doch jedem Ausleger seine eigne Ueberlegung und ein wenig Berücksichtigung der Analogie sagen, dass hier eine einfache Metonymie vorliegt und dass im Hebräischen so gut wie in allen anderen Sprachen neben der unmittelbaren eigentlichen Bedeutung bei einem jedem Worte noch eine Anzahl übertragener bildlicher Bedeutungen vorkommen wird, welche sich naturgemäss aus jener entwickeln.

So hier das natürliche Feuer, in dem Jehova als wohnend erscheint, (Exod. 3, 2 ff. 19, 19.

24, 17. Deut. 4, 15. 33. 36. 5, 4 vgl. 1. Timoth. 6, 16) ein Bild seines sittlichen Zorneifers. vgl. Ps. 79, 5. 89, 47. —

Was jene Vorstellung betrifft, so führt Movers Phönizier Bd. 1 p. 318 aus, wie der semitische Urgott El, der ein reiner Licht- und Himmelsgott gewesen, später überging in den Moloch, der im Feuer erschien. An diesen Feuerdienst lässt er Mose anknüpfen, aber denselben zu einer reineren Gottesverehrung hinaufführen, wie sie ähnlich in der Urzeit bestanden habe. Wie es sich mit jener Ansicht auch verhalte: so viel ist richtig, dass das A. T. den Prozess des Uebergangs aufzeigt, in dem jene Naturvorstellung sich zu einer sittlichen erhob.

Aus diesem Zusammenhange aber, in dem die einzelnen Sentenzen des A. T. zu einander stehen, folgt dem Spinoza noch mehr. Die einzelne Profetie sei nur zu verstehen, wenn wir im Allgemeinen die Meinungen, die Denkart der Profeten kennen. Wir müssen uns darüber klar werden, was überhaupt unter Profet und Offenbarung zu verstehen sei. — Bei geschichtlichen Büchern die voll wunderbarer und unglaublicher Dinge sind, sei vor Allem die Absicht des Verfassers zu ergründen, um das rechte Verständniss des Einzelnen zu gewinnen. So sei die Erzählung vom feurigen Wagen des Elia ganz ähnlich der vom geflügelten Ungeheuer im rasenden Roland [1]) oder der vom Perseus bei Ovid. Aber die Intention der Verfasser sei verschieden, die beiden letzten wollten blos nugas schreiben [2]), der erste dagegen redete von ernsten Dingen, wir kennen ihn als solchen der res sacras berichtet. —

So vom Einzelnen zum Ganzen aufsteigend und dann wieder ersteres aus dem letzteren beleuchtend, müsse man zuletzt auf gewisse Hauptgrundsätze der heiligen Schrift (totius scripturae fundamentum et basis) kommen, die unzweifelhaft seien. Ein derartiger in sich klarer Satz sei die Lehre vom „einigen allmächtigen Gott", während die Art, wie Gott die Dinge sieht, wie er selbst beschaffen ist u. ähnl. weniger deutlich seien. — Im Allgemeinen dürfe behauptet werden, dass so vieles auch in der Schrift unverständlich bleibe, doch circa res salutares et ad beatitudinem necessarias kein Zweifel bestehen könne. (Das evangelische Dogma von der perspicuitas scripturae sacrae!)

Um aber den Wahrheitsgehalt der Schrift zu erkennen, reiche das lumen naturale vollkommen aus. — Zwar gebe es Leute, die dazu ein lumen supernaturale erforderlich erachteten, aber es sei ihnen die Auseinandersetzung zu überlassen: was sie darunter verständen. Ihre Erklärungen wenigstens enthielten nichts Uebernatürliches. Ausserdem sei es auffallend, dass die Profeten und Apostel grade den Ungläubigen predigten, wenn doch zum Verständniss ihrer Rede ein lumen supernaturale gehörte, welches nur die fideles besässen. — Die Dunkelheiten die bei Erklärung der Schrift auch nach dieser Methode noch übrig blieben, seien der

---

[1]) Das Ross des Zauberers im dritten Gesange des Orlando furioso.
[2]) Darauf kommt also beiläufig gesagt dem Spinoza die Poesie hinaus. — Kein Wunder, dass unter seinen Händen Leben und Seele zu Stein erstarrten.

letzteren nicht zur Last zu legen, da sie einmal bisher noch zu wenig gebraucht sei und da andererseits uns durch menschliche Fahrlässigkeit die Geschichte der heiligen Schrift A. T. verloren gegangen und uns damit der Einblick in die Entstehung dieser Litteratur entzogen sei. — Indessen ist hier doch zu bemerken, dass, so richtig jene Principien an sich sind, doch ihre Handhabung keinen ganz sichern Erfolg verspricht. Es gehört zu einer wahrhaft in Geist und Gehalt einer Schrift eindringenden Auslegung eine Congenialität des Exegeten mit dem Verfasser. Dies ist der richtige Gedanke, welcher der Forderung des lumen supernaturale zu Grunde liegt. Wenn die wissenschaftliche Maschinerie auch noch so gut im Stande ist, wenn sie auch noch so genau arbeitet, so wird doch die Sache nach ihrer Tiefe nicht erfasst werden, sobald der Ausleger nicht auf der geistigen Höhe seines Autors steht, vielmehr wird sich dann an ihm das profetische Wort erfüllen: „sie mögen es hören, damit sie es nicht verstehen." — Ein unphilosophischer Kopf wird den Plato nicht richtig erklären können, ein unpoetischer Kopf, der (wie Spinoza) meint, Ovid und Ariost hätten keine andere Absicht gehabt, als nugas zu schreiben, würde uns als Ausleger eines Dichters wie jemand erscheinen, der zur Verpackung kostbarer Geräthe das nöthige Heu und Stroh besorgt. Und wer biblische Schriften auslegen will, muss wenigstens vermöge einer Kraft der reproductiven Phantasie, sich in die religiöse Stimmung, in das Pathos eines vom Geiste Gottes erfassten Gemüthes hineinversetzen können. Wer, wie Spinoza, sich die Religiosität nicht anders erklärt, als aus dem Bedürfniss der Menschen, in Zeiten der Bedrängniss sich an eine höhere Macht anzulehnen und aus der damit zusammenhängenden Neigung alsdann alles Mögliche zu glauben (tractat. theol. pol. praefat.): dürfte nicht als ein innerlich berufener Ausleger der heiligen Schrift erscheinen, da ihm jedes Verständniss für die sittlichen Motive, welche bei wahrhafter Religiosität mitwirken, abgeht.

Ausserdem muss doch jedes Dogma, wenn es auch nicht annehmbar erscheinen sollte, seine historischen, speculativen, psychologischen Erklärungsgründe finden. Mit den allgemeinen Phrasen über die superstitio ad quidvis credendum pronissima ist doch die bestimmte Form eines vorliegenden Dogma nicht erklärt. Wer ferner seine Lesung der Profeten wie Spinoza mit dem Resultate abschliesst: „profetae nil docuerunt nisi res admodum simplices atque has stylo adornaverunt": dürfte besser gethan haben, diese Waare nicht zu Markte zu bringen, denn er hat nicht einmal die Elemente der Profetismus verstanden. Denn man möge nun ein übernatürliches Einwirken göttlichen Geistes auf den menschlichen annehmen oder die profetische Ekstasis rein psychologisch erklären: so viel steht fest, dass Form und Inhalt der Profetie wesentlich zusammengehören, dass hier alles aus einem Gusse, dass es aus der Tiefe des Geistes hervorgesprudelt ist.

Wenn übrigens, fährt Spinoza fort, Maimonides behaupte, jede Stelle lasse einen vielfachen Sinn zu und man dürfe den Wortsinn verlassen und jeden beliebigen Sinn unterschieben, da der Sinn, den die heilige Schrift selbst meine, nicht zu ermitteln sei: so sei damit überhaupt jede Auslegung abgeschnitten und eine solche Ansicht sei noxia inutilis absurda. — Vielmehr sei der Wortsinn eben als der Sinn anzusehen, den die heilige Schrift selbst wolle. —

In dieser Weise ist übrigens die Ansicht von Maimonides gar nicht aufgestellt. Spinoza ist sehr bedeutend in seinen eigenen Gedanken, aber es scheint bisweilen als besitze er nicht die Fähigkeit, sich in die Anderer zu finden. Maimonides fand allerdings seine philosophische Theorie von Gott, von dem Weltall und den verschiedenen Wesensstufen angedeutet in der heiligen Schrift und sagte: „es scien freilich nur ganz leise Anspielungen auf seine Philosophie in der Bibel zu finden, weil dieselbe das volle Bild der Wahrheit nicht hätte entschleiern dürfen, um nicht Missverständnisse zu veranlassen: Aber die Geheimnisse der Lehre (Sitre Thora) seien im Schöpfungskapitel und in der ezechielischen Vision von Gottes Thronwagen enthalten." Infolge dieser Voraussetzung wird allerdings seine Schriftauslegung oft sehr willkürlich allegorisch und thut dem Wortsinn Gewalt an, aber nirgend hat er es als Grundsatz ausgesprochen, man dürfe aus den Worten der Schrift machen, was man wolle.

Eine Behörde endlich, (damit schliesst Spinoza diesen Abschnitt) die über die rechte Auslegung entscheide, habe nur einen Sinn für den gesetzlichen Theil des A. T.'s gehabt, so lange derselbe das jus publicum bildete. Dies musste natürlich als für Alle Geltendes amtlich geregelt werden. Anders sei es aber mit der Religion, die nicht in äusseren Ceremonien bestehe, sondern in der Gesinnung wurzele und nimmermehr von der autoritas publica abhange. — Daraus folge, dass weder der Papst, noch sonst eine Behörde eine alleinige autoritas scripturam interpretandi habe, vielmehr liege die Entscheidung hierüber bei jedem Einzelnen, da sie ja, wie eben erörtert, dem lumen naturale zufalle. — Hiermit sei zugleich über jede Tradition innerhalb der Auslegung das Urtheil gesprochen, und was insbesondere die geltenden Ueberlieferungen, die pharisäische und die katholische, betreffe, so sei zu sagen, dass ihnen ja von Alters her ein Widerspruch entgegenstehe, wodurch zugleich auch ihre fides historica leide. Weder eine fremde Autorität noch eine Tradition könne uns helfen, und wo die obige Methode nicht zum Ziele führe, da sei überhaupt nichts zu erreichen.

Jahresbericht

über die

Königliche Landesschule Pforta

von

Ostern 1866 bis Ostern 1867.

I. Lehrverfassung.

A. Unterricht in Sprachen und Wissenschaften.

Ober-Prima.

Ordinarius: der Rector.

1) **Religion.** 2 Stunden. Insp. Baessler. Im S. Brief an die Römer, im W. Evangelium Johannis und Repetition von Kirchenliedern.
2) **Deutsche Sprache.** 3 St. Prof. Dr. Koberstein. Uebersicht der Geschichte der neuern deutschen Nationalliteratur von Opitz bis zum Anfang des 19. Jahrh.; Correctur deutscher Aufsätze und freie Redeübungen.
3) **Lateinische Sprache.** Im S. Tac. Hist. I, 1—63. 71, Cic. de Off. I. c. 1—26; im W. Tac. Ann. III, 1—19. 25—28. 56—57. 65. IV, 1—13. 28—35. 39—42. 52—54. 57—60. 67—71. V, 1—5. VI, 20. 23—25. 51 und Cic. Brut. mit Auswahl; Aufsätze, Exercitien, Disputierübungen, Extemporalien und Verstübungen, 8 St. der Rector; im S. Hor. Sat. I, 1. 6. 9. II, 1. 5. 6 der Rector; im W. Epist. mit Auswahl, Prof. Koch.
4) **Griechische Sprache.** 6 St. Im S. Prof. Kern, im W. Prof. Koch. Im S. Thuc. I, 1—23; cursorisch Hom. Il. XVIII. u. XIX, im W. Soph. Antig., cursorisch Hom. Il. IX. XXI—XXIII, Thuc. IV, 1 23. 26—41; Correctur griech. Scripta und Extemporalien nebst Uebungen in der Versifikation.
5) **Geschichte.** 3 St. Im S. alte Geschichte, zweiter Theil, Prof. Corssen, im W. Geschichte des Mittelalters, der Rector.
6) **Mathematik.** 4 St. Prof. Buchbinder. Im S. Repetition des gesammten Gebietes der Mathematik; im W. Progressionen, Combinationslehre, binomischer Lehrsatz, Wahrscheinlichkeitsrechnung, Correctur schriftlicher Arbeiten und Extemporalien.
7) **Physik.** 2 St. Prof. Buchbinder. Akustik, Magnetismus, Electricität, Electromagnetismus, Wärmelehre, Meteorologie.

Unter-Prima.
Ordinarius: im S. Prof. Corssen, im W. Prof. Koch.

1) **Religion.** Mit Oberprima combiniert.
2) **Deutsche Sprache.** 3 St. (1 St. mit Oberprima combiniert) Prof. Koberstein. Uebersicht der älteren deutschen Nationalliteratur und Lectüre ausgewählter Stücke aus Hahn's Lesebuche, Correctur deutscher Aufsätze und freie Redeübungen.
3) **Lateinische Sprache.** Im S. Cic. Tusc. I; im W. Tac. Ann. I u. Cic. Brut. m. A., Aufsätze, Exercitien, Extemporalien und Versübungen 8 St., im S. Prof. Corssen, im W. Prof. Koch; Horat. im S. Od. III, Prof. Corssen, im W. Od. IV und Epod. m. A., Prof. Koch.
4) **Griechische Sprache.** 6 St. Im S. Oberl. Volkmann, im W. Oberl. Kretzschmer. Im S. Dem. de Cor. § 1—160 m. A. und curs. Hom. Il. IV; im W. Soph. Antig. und curs. Hom. Il. V und VI.
6) **Geschichte.** Mit Oberprima combiniert.
5) **Mathematik.** 4 St. Prof. Buchbinder. Im S. Gleichungen des 1. und 2. Grades, Kettenbrüche, im W. Stereometrie; Correctur schriftlicher Arbeiten und Extemporalien, Wiederholung der früheren Abschnitte.
7) **Physik.** Mit Oberprima combiniert.

Ober-Secunda.
Ordinarius: im S. Prof. Kern, im W. Oberl. Kretzschmer.

1) **Religion.** 2 St. Insp. Bässler. Im S. der erste Brief des Johannes (Prof. Siegfried) und der Brief des Jacobus; im W. Kirchengeschichte der ersten 12 Jahrhunderte, Lectüre einzelner Stellen des N. T. im Urtext, Repetition von Kirchenliedern.
2) **Deutsche Sprache.** 2 St. Prof. Koberstein. Im S. die Grundlinien der neudeutschen Prosodie und Verskunst; im W. Erklärung einiger Stücke aus dem Nibelungenliede. Daneben Aufsätze und metrische Uebungen.
3) **Lateinische Sprache.** 10 St. Im S. Cic. Verr. A. II. L. IV, erste Hälfte, im W. L. IV, erste Hälfte, im S. Verg. Aen. II m. A., im W. III m. A. und IV, Aufsätze, Exercitien, Extemporalien, Verse, Sprech- und Memorierübungen, 8 St. im S. Prof. Kern, im W. Oberl. Kretzschmer; Sall. b. Jugurth., im S. erste Hälfte, Dr. Richter, im W. zweite Hälfte, Oberl. Kretzschmer.
4) **Griechische Sprache.** 6 St. im S. Oberl. Kretzschmer, im W. Oberl. Volkmann. Im S. Ausgewähltes aus Herod. I u. II und Hom. Il. XXII, im W. Lys. adv. Eratosth. und Hom. Il. I. II; Moduslehre, Repetition der Casuslehre, Exercitien und Extemporalien.
5) **Geschichte.** 3 St. im S. Prof. Corssen, im W. Prof. Siegfried. Neuere Geschichte, im S. zweite Hälfte vom Anfang des achtzehnten Jahrhunderts, im W. erste Hälfte.
6) **Mathematik.** 4 St. Prof. Buchbinder. Im S. Wiederholung der früheren arithmetischen Curse und quadratische Gleichungen, Anwendung der Gleichungen auf Lösung geometrischer Aufgaben; im W. Trigonometrie, Correctur schriftlicher Aufgaben und Extemporalien.
7) **Physik.** Im W. 1 St. Prof. Buchbinder. Allgemeine Eigenschaften der Körper, Wärmelehre, Meteorologie.

Unter-Secunda.
Ordinarius: im S. Prof. Corssen, im W. Oberl. Volkmann.

1) **Religion.** 2 St. Prof. Siegfried. Geschichte des Reichs Gottes im alten Bunde, von den Zeiten der Königsherrschaft bis zum Untergang des Reichs Israel, auf Grund zusammenhängender Lesung des Alten Testaments, Bibelsprüche und geistliche Lieder.
2) **Deutsche Sprache.** 2 St. Prof. Koberstein. Grundlinien des etymologischen Theils der deutschen Grammatik nebst einer Uebersicht über die Hauptepochen der Entwickelungsgeschichte unserer Sprache; daneben Correctur deutscher Aufsätze und Declamierübungen.

3) **Lateinische Sprache.** 10 St. im S. Oberl. Kretzschmer, im W. Oberl. Volkmann. Im S. Cic. pro Arch. und Ligar., Liv. IX m. A., Ovid. Trist. m. A.; im W. Cic. pro Rosc. Am., Liv. II m. A., Ausgewähltes aus Ovid. Fast.; Exercitien, Extemporalien und Versübungen.
4) **Griechische Sprache.** 6 St., im S. Oberl. Volkmann, im W. Dr. Richter. Im S. Arrian. Anab. V m. A., Hom. Od. XIII. XIV; im W. Arr. An. I m. A. Hom. Od. XV. XVI; Casuslehre und Ausgewähltes aus der Moduslehre, Exercitien und Extemporalien.
5) **Geschichte.** 3 St. Dr. Richter. Geschichte des Mittelalters, im S. zweite Hälfte von den Hohenstaufen an, im W. erste Hälfte.
6) **Mathematik.** 4 St. Dr. Kramer. In der Arithmetik im S. die Lehre von den Proportionen und deren Anwendung, im W. die Potenzen und Wurzelgrössen; in der Geometrie im S. die Lehre von der Aehnlichkeit der Figuren, im W. die Lehre vom Kreise.

Ober-Tertia.

Ordinarius: Adj. Dr. Richter.

1) **Religion.** 2 St. Insp. Baessler. Im S. Geschichte des Reichs Gottes im apostolischen Zeitalter auf Grund zusammenhängender Lesung der Apostelgeschichte. Repetition der fünf Hauptstücke des kleinen Katechismus.
2) **Deutsche Sprache.** 2 St., im S. Dr. Kramer, im W. Dr. Richter. Aufsätze und Uebungen im freien Vortrag und im Lesen.
3) **Lateinische Sprache.** 10 St. Dr. Richter. Caesar de b. C. II und III m. A., Ovid. Met. XIV. XV m. A. Syntax, Exercitien, Exemporalien und Versübungen.
4) **Griechische Sprache.** 6 St., im S. Dr. Richter, im W. Adj. Schreyer. Im S. Xen. Anab. III, im W. IV und V, 1—3; unregelmässiges Zeitwort, Anfänge der Syntax, Exercitien und Extemporalien.
5) **Geschichte.** 3 St. im S. Prof. Kern, im W. Oberl. Kretzschmer. Römische Geschichte, im S. zweite, im W. erste Hälfte.
6) **Mathematik.** 3 St. Dr. Kramer. Weitere Ausführung der Buchstabenrechnung und einfache Gleichungen, Flächengleichheit der Figuren, Proportionen, Extemporalien, Correctur schriftlicher Arbeiten.

Unter-Tertia.

Ordinarius: Adj. Schreyer.

1) **Religion.** 2 St. Prof. Siegfried. Geschichte des Reichs Gottes im alten Bunde auf Grund zusammenhängender Lesung des Alten Testaments; Repetition des Katechismus, Bibelsprüche und geistliche Lieder.
2) **Deutsche Sprache.** 2 St., im S. Prof. Siegfried, im W. Adj. Schreyer. Uebungen im Vortrag von Gedichten und prosaischen Erzählungen, Leseübungen, Correctur der Aufsätze.
3) **Lateinische Sprache.** 10 St. Adj. Schreyer. Caesar de b. G. I III, ausgewählte Stücke aus Ovid. Met. IV und V; Wiederholung der Formenlehre, die Casuslehre und das Hauptsächlichste ans der Moduslehre, Exercitien, Extemporalien und Versübungen.
4) **Griechische Sprache.** 6 St., im S. Adj. Schreyer, im W. derselbe und Oberl. Kretzschmer, jeder 3 St. Repetition der Formenlehre, Verba in $\mu\iota$, das Wichtigste vom unregelmässigen Verbum und die Präpositionen; Lectüre in Jacobs' griech. Lesebuch; Exercitien und Extemporalien.
5) **Geschichte und Geographie.** 4 St. im S. Adj. Schreyer, im W. Dr. Kramer. Brandenburgische und griechische Geschichte, Repetition der Geographie.
6) **Mathematik.** 3 St. Prof. Buchbinder. Die Anfänge der Buchstabenrechnung und deren einfachste Anwendung und für die Schwächeren Uebungen im praktischen Rechnen; die Lehre von der Congruenz der Dreiecke nebst den sich unmittelbar daran anschliessenden Lehrsätzen und Aufgaben.

Für das **Französische** bestehen 5 Klassen, die mit nur wenigen Ausnahmen den Klassen Ober- und Unterprima, Ober- und Untersecunda und Obertertia entsprechen, in welcher letztgenannten Klasse der französische Unterricht begonnen wird.

Erste Klasse. 2 St. Prof. Dr. Koberstein. Correctur schriftlicher Arbeiten und Durchgehen von Extemporalien. Daneben wurden ausgewählte Stücke aus La France Littéraire etc par Herrig et Burguy gelesen.

Zweite Klasse. 2 St. Prof. Dr. Koberstein. Grammatische Uebungen, schriftliche und mündliche. Gelesen: Histoire de Napoléon par Ségur, Buch XI zweite Hälfte und B. XII erste Hälfte.

Dritte Klasse. 2 St. Oberl. Volkmann. Repetition der unregelmässigen Zeitwörter, Moduslehre; Charles XII par Voltaire, Buch V erste Hälfte. Scripta und Dokimastika.

Vierte Klasse. 2 St., im S. Oberl. Volkmann, im W. Dr. Kramer. Pronomen und unregelmässiges Zeitwort; Lectüre grösserer Stücke aus Leloup franz. Lesebuch; Scripta und Dokimastika.

Fünfte Klasse. 2 St. Dr. Kramer. Formenlehre bis zum regelmässigen Zeitwort einschl.; Uebungen im Lesen und Uebersetzen aus Leloup franz. Lesebuch; Dokimastika.

Den **hebräischen** Unterricht ertheilte in allen Klassen Prof. Siegfried.

Prima. 2 St. Repetition der grammatischen Pensa der früheren Klassen, dazu die unregelmässige Verbalflexion und wichtigere Abschnitte aus der Syntax; Vocabellernen; Uebungen im Uebersetzen ins Hebräische; Lesung von Psalmen, daneben cursorisch geschichtliche Abschnitte.

Ober-Secunda. 2 St. Repetition des Pensums der dritten Klasse, dazu die Zahlwörter. Einiges vom unregelmässigen Verbum; Uebungen im Uebersetzen ins Hebräische; Vocabellernen. Lesung geschichtlicher Abschnitte aus Gesenius' Lesebuche.

Unter-Secunda. 2 St. Lautlehre; Uebungen im Lesen und Schreiben. Einübung des regelmässigen und unregelmässigen Nomens, so wie des regelmässigen Verbums. Einiges von den Präpositionen; Vocabellernen.

B. *Unterricht in den Künsten.*

1) **Musik und Gesang.** a) Der Gesangunterricht, unter Leitung des Cantors und Musikdirektors Seiffert, ist für alle öffentlich. Sämmtliche Schüler, welche nicht zum Kirchenchor gehören, sind in 5 Singklassen vertheilt, von denen jede wöchentlich eine Unterrichtsstunde hat. Eine Auswahl von allen bildet den Kirchenchor, aus zwei Abtheilungen von etwa 50 Sängern bestehend, unter zwei Praecentoren, welcher beim Gottesdienst die Gesänge zur Liturgie und bei anderen öffentlichen Gelegenheiten die Gesangpartien ausführt. 1 Stunde wöchentlich, und ausserordentliche Stunden nach Bedürfniss. b) Der Unterricht in der Instrumentalmusik wird theils vom hiesigen Musikdirektor, theils von Musikern aus Naumburg privatim ertheilt.

2) **Zeichenunterricht.** Für den öffentlichen Zeichenunterricht, an welchem alle Untertertianer und aus den übrigen Klassen diejenigen, welche Anlage und Neigung zum Zeichnen haben, Theil nehmen, sind vier Klassen eingerichtet. Jede dieser hat zwei wöchentliche Lehrstunden, worin sie sowohl in den Gesetzen der Perspective unterrichtet als practisch in den verschiedenen Gattungen des Zeichnens geübt werden. Alle Zöglinge haben Gelegenheit, sich durch Privatunterricht weiter fortzubilden. Gegenwärtig nehmen 134 Schüler am Zeichenunterrichte Theil.

3) **Schreibunterricht.** Der Schreibunterricht ist durch die Krankheit und den Tod (s. unten) des Kirchners und Schreiblehrers Karges erst mehrfach unterbrochen und dann ganz ausgesetzt worden. Derselbe ist auf die Schüler von Ober- und Untertertia beschränkt, welche in vier Abtheilungen, wovon jede wöchentlich eine Lehrstunde hat, getheilt sind. Die guten Schreiber können vom Klassenlehrer dispensiert werden, die schlechten zum Besuch beider Abtheilungen ihrer Klassen angehalten werden.

4) **Tanzunterricht.** Dieser Unterricht wurde während der 6 Wintermonate vom Oktbr. bis März, auf welche er zur Zeit beschränkt ist, von dem Tanzlehrer Bartels aus Naumburg in 12 wöchentlichen Lehrstunden ertheilt. Sämmtliche Zöglinge sind in 12 Abtheilungen getheilt, von denen jede wöchentlich eine Stunde hat. Die Uebungen sind nach einer methodischen Stufenfolge vom Leichteren zum Schwereren geordnet, wobei in den untersten Abtheilungen die Regeln des äusseren Anstandes in der Haltung und den Bewegungen des Körpers, als Grundlage des gesammten Tanzunterrichts, gelehrt und eingeübt werden.

5) **Die Turnübungen,** an welchen sämmtliche Zöglinge Theil nehmen, wurden vom prov. Adj. Dr. Kramer geleitet und fanden wöchentlich zweimal im Sommer auf dem Turnplatze des Schulgartens, im W. in 2 Abtheilungen im Turnsaale statt. Auch der Schwimmunterricht hat wie früher stattgefunden.

6) **Die botanischen Excursionen** wurden auch in dem verflossenen Sommer unter Führung des Prof. Buchbinder fortgesetzt.

C. Aufgaben zu freien Ausarbeitungen und Abiturientenarbeiten.

a. *Deutsche Themata:*

In **Prima**. Im Sommer: 1) a. Welchen besondern Reiz hat die Beschäftigung mit der vaterländischen Geschichte vor der Beschäftigung mit der Geschichte fremder Völker? b. Charakterschilderung des Markgrafen Rüdiger in den Nibelungen. 2) a. Woraus erklärt es sich, dass die lateinische Sprache in Deutschland erst allein und nachher noch lange vorzugsweise die Sprache der Wissenschaft war? b. Inwiefern ist der Grundsatz verwerflich: wo mir's wohl geht, da ist mein Vaterland, und inwiefern ist er zu rechtfertigen? 3) Woher kommt es, dass sich uns in der spätern Erinnerung der Ort und die Gegend, wo wir unsere Knabenjahre verlebt haben, weit über die Wirklichkeit hinaus zu verschönern pflegt? Im Winter: 4) a. Freie Wahl eines Thema's. b) Charakterschilderung des Thoas in Goethe's „Iphigenie auf Tauris." 5) a. Inwiefern trugen die grossen Kampfspiele der Griechen und namentlich die olympischen dazu bei, dass das Bewusstsein nationaler Einheit unter den verschiedenen Stämmen dieses Volkes erhalten und immer neu belebt ward? b. Wie sind aus dem Zusammenhange, in welchem sie mit dem Vorhergehenden und dem Folgenden stehen, die Worte in Goethe's Singspiele „Erwin und Elwire" zu erklären: „Es fehlt der Mensch, und darum hat er Freunde"? 6) a. Inwiefern war die Verbannung aus dem Vaterlande bei Griechen und Römern eine viel härtere Strafe, als sie es bei den europäischen Völkern der Jetztzeit ist? b. Kann der Neidische wohl je wahrhaft glücklich sein? 7) Inwiefern findet die Vorschrift, von den Todten dürfe man nur Gutes aussagen, Einschränkung?

In **Ober-Secunda**. Im Sommer: 1) Ein poetischer Versuch in Bearbeitung einer deutschen Sage. 2) Versuch einer Charakterschilderung des Majors von Tellheim in Lessing's „Minna von Barnhelm". 3) Wie kommt es, dass wir so gern Burgruinen aufsuchen und vor oder in ihnen verweilen? Im Winter: 4) Was trennt auf die Länge mehr zwei Völker, ein hoher Gebirgszug oder ein Meer? 5) Versuch einer Charakterschilderung des Odoardo in Lessing's „Emilia Galotti". 6) Metrischer Versuch in Bearbeitung der Sage vom König Authari, nach den deutschen Sagen der Brüder Grimm. 7) Gedrängte Angabe des Inhalts vom achten Liede der Nibelungen, nebst Uebersetzung der echten Strophen 913—929.

Die Abiturienten haben die Themata bearbeitet, zu Michaelis: Woher kommt es, dass Bürgerkriege mit viel mehr Erbitterung geführt werden und viel blutiger zu sein pflegen, als Kriege zwischen zwei verschiedenen Nationen? Zu Ostern: Inwiefern kann die Erinnerung an überstandene Widerwärtigkeiten und Leiden angenehm und wohlthuend sein?

b. *Lateinische:*

In **Ober-Prima**. 1) Quibus caussis factum est, ut Galba imperium diu obtinere non posset? 2) Bello civili orto quibus rebus Caesar Pompejo superior fuerit, quaeritur. 3) a. Germanici res a Tacito non sine studio quodam narratae. b. Quibus de caussis Tiberius primo apud senatum imperium recusaverit (Tac. Ann. I, 7), quaeritnr. 4) Eloquentiae studia quae apud Romanos extrema reipublicae liberae aetate fuerint, exponitur secundum Ciceronis Brutum. 5) Ex Plinii epistulis quae possunt de Taciti vita et scriptis disci? 6) Plinii majoris studiorum ratio ex Plinii minoris epistulis explicata. 7) De tyrannis apud Graecos secundum Herodotum. 8) Triginta tyranni Atheniensium secundum Xenophontem. 9) Atheniensium expeditio in Siciliam secundum Thucydidem. (Nr. 5—9 zur freien Bearbeitung.)

In **Unter-Prima**. Im Sommer: Quibus potissimum in rebus cernitur Alexandri magnitudo. 2) Horatii illud: „Virtutem incolumem odimus, Sublatam ex oculis quaerimus invidi" adhibitis clarorum virorum exemplis demonstratum. 3) Livii illud: „Ea fato quodam data nobis sors, ut magnis omnibus bellis victi vicerimus" ex Romanorum rebus gestis demonstratum. 4) De versu Homerico (Od. II, 161): Οὐ γάρ πω πάντεσσι θεοὶ φαίνονται ἐναργεῖς. Im Winter: 5) C. Marius reipublicae Romanae salus ac pestis. 6) a. Res inferorum quales apud Homerum et Vergilium leguntur, comparantur. b. Alexander Magnus quibus vel virtutibus vel vitiis insignis fuit? c. Ulixem qualem Homerus finxit?

In **Ober-Secunda**. Im Sommer: 1) Quantum Graecorum victoriae Plataeensi debeamus exponitur. 2) Croesus humanarum rerum fragilitatis singulare exemplum. Im Winter: 3) De L. et M. Juniis Brutis libertatis Romanae vindicibus. 4) a. Prudens futuri temporis exitum caliginosa nocte premit deus (Chrie). 6) In maxima fortuna minima licentia est (Sall. Cat. 55).

Bei den Abiturienten-Prüfungen, im Sommersemester: Veterum populorum in bellis crudelitas und Romanorum patriae amor exemplis illustratus; im Wintersemester: Gallia subacta quas Julius Caesar et sibi et reipublicae utilitates paravit?

c. *Mathematische Abiturienten-Aufgaben:*

Zu Michaelis: 1) Wenn man von der Spitze eines Dreiecks nach der Gegenseite eine Transversale zieht und von ihrem Durchschnittspunkte Parallelen mit den andern Seiten, so ist die Summe der Rechtecke aus jeder dieser Seiten und dem an der Spitze liegenden Segmente gleich dem Quadrate der Transversale vermehrt um das Rechteck aus den Segmenten der ersten Seite. Frage: Wie ändert sich der Satz, wenn die Transversale nach der Verlängerung einer Seite gezogen wird? 2) Wie gross ist die Jahresrente, welche man auf 13 Jahre für 20000 Thlr. kauft, die Zinsen zu 4 % gerechnet? 3) Ein gleichschenkliges Dreieck in ein gleichseitiges zu verwandeln. 4) Zur Berechnung des Inhaltes eines Dreiecks sind gegeben 2 Winkel A und B und die Summe ihrer Gegenseiten $a + b = s$. 5) Besonderer Satz: Wenn in einem gleichschenkligen Dreiecke die Endpunkte der Höhe, der Mittelpunkt des umschriebenen und der des eingeschriebenen Kreises 4 harmonische Punkte sind, so ist cos. des Winkels an der Grundlinie = $\frac{1}{2}(\sqrt{3}-1)$.

Zu Ostern: 1) Zieht man in dem einem Dreieck umschriebenen Kreise eine Sehne durch den Mittelpunkt des eingeschriebenen Kreises, so ist das Rechteck aus den beiden Segmenten dieser Sehne doppelt so gross als das Rechteck aus den Radien beider Kreise. Zusatz. Der Abstand der beiden Kreismittelpunkte ist das geometrische Mittel zwischen dem Radius des umschriebenen und der Differenz aus dem Radius des umschriebenen und dem Durchmesser des eingeschriebenen Kreises. Frage: Wie gestaltet sich der Hauptsatz, wenn an die Stelle des Mittelpunktes vom eingeschriebenen Kreise der eines äussern Berührungskreises tritt? 2) Die Summe einer arithmetischen Progression zweiter Ordnung dividiert durch die Anzahl der Glieder ist $= 38\frac{1}{2}$, die Anfangsglieder sind 7,12,19..., die Anzahl der Glieder n ist der Exponent für $\left(\frac{1}{2}a-3b\right)^n$, wie gross ist der Coefficient von $a^3 b^{n-3}$? 3) Ein Dreieck zu construieren, wenn eine Seite, die Summe der beiden andern und der von letzteren beiden eingeschlossene Winkel gegeben sind, 4) Von einem Dreieck sind a = 72700, d = b—c = 19738,6′, B = 73° 59′ 6″ gegeben, wie gross sind die übrigen Winkel und der Radius r′ des zu a gehörigen äussern Berührungskreises? 5) Besonderer Satz. Ist ACB ein Halbkreis über AB, AC = BC, ABDE ein Rechteck, in welchem AE = BD = AC, fällt man ferner von einem beliebigen Punkte F der Peripherie auf AB das Loth FJ und zieht FE und FD, welche AB bezüglich in G und H schneiden, so ist $AH^2 + BG^2 = AB^2$ Frage. Aendert sich im Satz und Beweis etwas, wenn das Rechteck ABDE oberhalb AB construiert wird?

D. Lehrbücher.

Ausser den bereits angeführten Schriftstellern und Lesebüchern sind noch zu nennen: Ellendt's lat. Grammatik, herausgegeben von Seyffert; Seyffert's palaestra Musarum, Th. 1 für Unter- und Ober-Tertia; Krüger's griechische Sprachlehre; Gesenius, hebräische Grammatik und hebräisches Lesebuch; H. A. Müller, französische Grammatik für Gymnasien; Hollenberg, Hülfsbuch für den evangelischen Religionsunterricht und für Ober- und Unter-Tertia Baessler, die sechs Hauptstücke des Katechismus; Hahn, Uebungen in der mittelhochdeutschen Grammatik; Koberstein, Laut- und Flexionslehre für Untersecunda; deutsches Lesebuch von Bach, herausgegeben von Koberstein, Th. 3 und 4, für Unter- und Ober-Tertia; Peter, Zeittafeln der römischen und griechischen Geschichte, für Prima, Beck, Geschichte der Teutschen und der vorzüglicheren europ. Staaten, für Prima, Ober- und Unter-Secunda, und Peter, Geschichtstabellen, für Unter- und Ober-Tertia; Voigt, Leitfaden der Geographie; Fünfstellige logarithmisch-trigonometrische Tafeln von Wittstein (2. Aufl. Hann. 1865) und kurze als Manuscript gedruckte Leitfaden für die einzelnen mathematischen Klassen.

F. Statistische Uebersicht über die Lehrgegenstände

Fächer.	Klassen und Stunden.						
	Ia	Ib	IIa	IIb	IIIa	IIIb	Summa.
Religion	2	2	2	2	2	2	12
Deutsch	3	3	2	2	2	2	14
Lateinisch	10	10	10	10	10	10	60
Griechisch	6	6	6	6	6	6	36
Französisch	2	2	2	2	2	—	10
Hebräisch	2		2	2	—	—	6
Mathematik	4	4	4	4	3	3	22
Physik	2	2	1	—	—	—	5
Geographie u. Geschichte	3	3	3	3	3	4	19
Singen	1	1	1	1	1	1	6
Zeichnen	—	—	—	—	—	—	8
Schönschreiben	—	—	—	1	1	1	4
Turnen	—	—	—	—	—	—	6
Tanzen	—	—	—	—	—	—	12
Summa	35	35	33	32	30	29	220

VIII

F. Gegenwärtige Vertheilung der Lehrstunden unter die Lehrer.

Lehrer	Ia	Ib	IIa	IIb	IIIa	IIIb	Summa
Rector Dr. Peter	8 Lat.						8 St.
Prof. und geistl. Insp. Bässler	2 Rel.		2 Rel.		2 Rel.		6 St.
Prof. Dr. Koberstein	3 Deutsch 2 Franz.	3 Deutsch 2 Franz.	2 Deutsch	2 Deutsch			14 St.
Prof. Buchbinder	4 Math. 2 Physik		4 Math. 1 Physik		3 Math.	3 Math.	17 St.
Prof. Dr. Koch	2 Lat.	10 Lat.	2 Lat.				14 St.
Prof. u. zweiter Geistl. Dr. Siegfried		2 Rel. 2 Hebr.	2 Hebr. 3 Gesch.	2 Rel.		2 Rel.	13 St.
Prof. Dr. Abicht	6 Griech. 3 Gesch.		8 Lat.				17 St.
Prof. Dr. Schimmelpfeng				10 Lat.	6 Griech.		16 St.
Oberlehrer Dr. Kretzschmer		6 Griech.			10 Lat.		16 St.
Oberlehrer Dr. Volkmann			6 Griech. 2 Franz.			10 Lat.	18 St.
Adj. Dr. Richter		3 Gesch.	6 Griech. 3 Gesch.			6 Griech.	18 St.
Adj. Schreyer				2 Hebr.	2 Deutsch 3 Gesch.	2 Deutsch 4 Gesch. u. Geogr. 6 Lat. u. Gr. in Abth. 2	19 St.
Dr. Kramer		4 Math. 2 Physik		4 Math. 2 Franz.	2 Franz.		14 St.*
Musikdirector Seifert	Gesang						6 St.
Zeichenlehrer Hossfeld	Zeichnen in 4 Klassen						8 St.
Tanzlehrer Bartels	Tanzen in 12 Abtheilungen						12 St.

* Dazu kommen noch die Turnstunden.

II. Verordnungen und Bekanntmachungen der Königlichen Behörden.

1) Durch Rescript des Königl. Provinzial-Schulcollegiums vom 9. Juni v. J. wurde unter abschriftlicher Mittheilung eines Rescripts des Herrn Ministers der geistlichen, Unterrichts- und Medicinal-Angelegenheiten vom 29. Mai wieder auf die Benutzung der Central-Turnanstalt von Seiten der Gymnasiallehrer hingewiesen und diesen zugleich nöthigen Falls eine ausserordentliche Unterstützung in Aussicht gestellt.

2) Unter dem 6. Juni (30. Mai) wurde der Besuch des ersten Civillehrers an der Central-Turnanstalt, Dr. Euler, zum Zweck der Kenntnissnahme von dem Stand und Betrieb des Turnunterrichts angekündet, welcher hierauf auch stattgefunden hat.

3) Unter dem 1. August Eröffnung, dass auf der Forstakademie zu Neustadt-Eberswalde hinfort alljährlich ein neuer Cursus begonnen werde und die Aufnahme daselbst immer nur zu Ostern stattfinden solle.

4) Unter dem 5. Decbr. (27. Novbr.) wurde die Anordnung getroffen, dass die Leistungen im Turnen sowohl in den Semester-Censuren als in den Abiturienten-Zeugnissen Beurtheilung finden sollen.

5) Unter dem 2. Febr. d. J. wurde ein von der Medicinal-Abtheilung des Königl. Ministeriums erstattetes Gutachten über das bei der Annäherung und dem Ausbruch der Cholera von Seiten der Gymnasien und anderer höheren Lehranstalten zu beobachtende Verhalten mitgetheilt, wonach die Schliessung der Anstalten nur ausnahmsweise und in ausserordentlichen Fällen stattfinden soll, worin aber auch zugleich auf die besonderen Rücksichten hingewiesen wird, die von Pensionaten zu nehmen sind.

6) Unter dem 2. Febr. wird auf das neu erschienene Reglement für die Prüfung pro facultate docendi, unter dem 28. März auf das für das colloquium pro rectoratu aufmerksam gemacht und zugleich den Directoren zur Pflicht gemacht, auf diejenigen Schüler eine besondere Aufmerksamkeit zu richten, welche Philologie studieren wollen.

7) Unter dem 10. März wird angeordnet, dass sowohl die Hauptlehrer- als die Schüler-Bibliotheken immer vor Beginn der Oster- und Michaelisferien einer genauen Revision unterworfen und zu diesem Zweck alle Bücher entweder eingeliefert oder doch von den Entleihern als vorhanden und in ihrem Besitz noch befindlich vorgezeigt werden sollen.

8) Unter dem 13. April (30. März) werden die Bestimmungen über die Abhaltung des Probejahrs von Seiten der Candidaten des gelehrten Schulamts theils in Erinnerung gebracht theils mit neuen vermehrt.

9) Unter dem 13. (6.) April Empfehlung zweier populär-naturgeschichtlicher Werke von C. Rusch (In der freien Natur, Schilderungen aus der Thier- und Pflanzenwelt, und: Meine Freunde, Lebensbilder und Schilderungen aus der Thierwelt).

III. Chronik der Landesschule.

Die Aufnahmeprüfungen haben zu den regelmässigen Terminen zu Michaelis am 1. und 2. October, zu Ostern am 25. und 26. April stattgefunden. Zu Michaelis wurden 25, zu Ostern 19 neue Schüler aufgenommen.

Die mündliche Abiturientenprüfung wurde für Michaelis am 30. und 31. August mit 14, für Ostern am 26. März mit 6 Abiturienten, beide Male unter dem Vorsitz des Herrn Provinzial-Schulraths Dr. Heiland, abgehalten. Sämmtliche Abiturienten erhielten das Zeugniss der Reife und wurden, jene am 5. September, diese am 28. März, in der gewohnten feierlichen Weise entlassen. Ausserdem wurden im Laufe des vorigen Sommers noch *Franz Koch*, der wegen Krankheit an der Abiturientenprüfung zu Ostern nicht hatte Theil nehmen können, und *Otto Steinhardt*, welcher sofort in den Militärdienst treten wollte, ersterer in Folge besonderer höchster Genehmigung, letzterer in Gemässheit der für diesen Fall ergangenen allgemeinen Verfügung, geprüft und mit dem Zeugniss der Reife, der eine am 2. Juni, der andere am 16. Juni, entlassen.

Das Stiftungsfest der Anstalt wurde am 21. Mai gefeiert. Das Programm dazu enthielt eine Abhandlung des Prof. Buchbinder über Euklid's Porismen und Data.

Die Prämien empfingen aus Prima: *Hermann Backs*, Munk's Geschichte der griechischen Literatur, *Clemens Voigt*, Munk's Geschichte der römischen Literatur, *Curt von Rohrscheidt*, Lübke's Grundriss der Kunstgeschichte, *Bernhard Seger*, Vischer's Erinnerungen aus Griechenland; aus Obersecunda: *Ulrich Etzdorf*, Schiller's Briefwechsel mit Körner, *August Redtel*, Schömann's griechische Alterthümer; aus Untersecunda: *Ernst Pfeil*, Guhl und Koner Leben der Griechen und Römer, *Hermann von Grabow*, Goethe's Briefwechsel mit Schiller; aus Obertertia: *Eugen Breyther*, Geschichte Friedrichs des Grossen von Menzel und Kugler, *Hans von Teubern*, Schwab's schönste Sagen des Alterthums; aus Untertertia: *Friedrich Krankenhagen*, York's Leben von Droyssen, *Paul Schütze*, Preussens Geschichte von Schmidt und Burger.

Im Sommer v. J. wurden Unterricht und Hausordnung der Anstalt vielfach durch eine granulöse Augenentzündung gestört, von der ein grosser Theil unserer Zöglinge (über ein Viertheil) ergriffen wurde, und welche, obwohl gutartig und ungefährlich, ihre nachtheiligen Wirkungen bis tief in den Herbst des Jahres ausgedehnt hat. Mehrere Kranke wurden deshalb schon einige Tage vor dem vorschriftsmässigen Anfang der Sommerferien (1. Juli) entlassen, andere kehrten aus demselben Grunde erst nach dem Schluss der Ferien (4. August) wieder zurück.

Am 5. Mai wurde unserem Zögling *Johann Julius Fritze* aus Schorbus, der am 16. April im elterlichen Hause in Drossen starb, nachdem er der Anstalt von 1862 bis 1865 als Alumnus angehört und sich auf derselben das Lob eines fleissigen und wohlgesitteten Schülers erworben hatte, von seinem Tutor Dr. Richter ein ausserordentliches Ecce gehalten.

Am 24. November, als am Vorabende des Todtenfestes, wurde ebenfalls vom Adj. Dr. Richter das allgemeine Ecce für folgende ehemalige Zöglinge der Anstalt gehalten: 1) *Gustav Biedermann Günther* aus Schandau, Alumnus von 1813-1819, starb als Professor und Mitdirector der Klinik zu Leipzig am 9. September 1866. 2) *Rudolf Alexander August von Wechmar* aus Mannheim, Extraneer von 1863-1864, starb im Frühjahr 1866. 3) *Oscar Victor Ludwig Krämer* aus Elsterwerda, Alumnus von 1853-1859, fiel am 3. Juli 1866 in der Schlacht bei Sadowa als Adjutant des 1. Bataillons 4. Thüringischen Infanterie-Regiments Nr. 72. 4) *Ludwig Züge* aus Weissenfels, Alumnus von 1850-1856, starb als Assistenzarzt zu Brünn im Feldzug gegen Oesterreich an der Cholera. 5) *Rudolph Kayser* aus Dornburg, Alumnus von 1817-1822, starb im Sommer 1866 als Kreisphysikus und Sanitätsrath in Naumburg. 6) *Friedrich Christian Carl Bromme*, Alumnus von 1821-1827, starb als Justizrath zu Naumburg im Sommer 1866. 7) *Heinrich Wilhelm Sausse* aus Naumburg, Alumnus von 1810-1815, starb am 20. März 1866 als Prorector zu Guben. 8) *Hermann Louis Heinrich Lambert* aus Düren, Alumnus von 1857-1858, starb im Sommer 1866 als Avantageur an Wunden, die er in der Schlacht bei Gitschin erhalten. 9) *Gustav Giseke* aus Sondershausen, Alumnus von 1816-1821, starb am 3. Juli 1866 als Rechtsanwalt zu Eisleben. 10) *Julius Jacob Traugott von Könneritz* aus Merseburg, Alumnus von 1804-1810, starb am 28. October 1866 zu Dresden als Privatmann, war bis zum Jahre 1848 Staatsminister daselbst. 11) *Johann Karl Petzold* aus Scortleben bei Weissenfels, Alumnus von 1821-1827, starb am 9. September 1866 als Pastor zu

Kötschau. 12) *August Heydemann* aus Memleben, Alumnus von 1857-1863, starb am 27. August 1866 als Studiosus der Theologie.

Am 28. November starb der Schreiblehrer der Anstalt, der Elementarlehrer und Kirchner Karl Gustav Bernhard Karges, zugleich ehemaliger Zögling der Anstalt, der er von 1827—1831 als Alumnus angehört hatte. Er war ein braver, tüchtiger Mann, von seltener Herzensgüte und hat sein hiesiges Amt 16 Jahre lang mit sich stets gleich bleibender Treue und Gewissenhaftigkeit verwaltet. Ihm wurde am 1. December vom Professor Siegfried das Ecce gehalten.

Am 11. November wurde das Friedensfest durch ein Festessen der Lehrer und Beamten und Schüler sowie durch einen Ball gefeiert; womit zugleich die bisher verschobene Feier des Diensteintritts des Inspector und Professor Bässler verbunden wurde.

Der Geburtstag Sr. Majestät des Königs wurde durch eine Festrede des Professors Koch über den Unterschied der heidnischen und christlichen Vaterlandsliebe, durch ein Festessen der Lehrer und Beamten und der Schüler und durch einen Festball gefeiert.

Endlich ist noch der Veränderungen im Lehrercollegium zu gedenken, die auch in diesem Jahre wie im vorigen sehr zahlreich und tief eingreifend gewesen sind.

Noch war die durch den Austritt des Professor Steinbart entstandene Lücke nicht ausgefüllt, als uns zu Michaelis die beiden Professoren, der dritte Professor Dr. Wilhelm Paul Corssen und der sechste Professor Franz Kern verliessen. Ersterer hat der Anstalt 20 Jahre angehört, bis Ostern 1857 als Adjunkt, seitdem als Professor, und hat durch seine Gelehrsamkeit und seine sonstige vielseitige Begabung, durch seine stete Bereitwilligkeit zu Diensten für die Anstalt wie zur Hülfe durch Rath und That sich grosse Achtung und die allgemeine Liebe erworben. Er wurde leider durch seine angegriffene Gesundheit genöthigt, um seine Pensionirung nachzusuchen, die ihm durch die Rescr. vom 28. September und 17. (13.) October in der Weise gewährt wurde, dass er zunächst für das Wintersemester Urlaub und dann von Ostern d. J. die Pensionirung erhielt. Prof. Kern trat Michaelis 1860 zunächst als Oberlehrer und zugleich als Turnlehrer ein; zu Ostern v. J. wurde er Professor und verliess uns jetzt als solcher zu Michaelis v. J., um einem Rufe als Director des Grossherzoglichen Gymnasiums in Oldenburg zu folgen. Auch er hat sich hier durch seine Lehrgeschicklichkeit, durch seine Treue und Gewissenhaftigkeit in seinem Berufe, durch die Tüchtigkeit seines Charakters ein bleibendes Andenken und viel Achtung und Liebe erworben.

Diese Lücken sind in der Weise ausgefüllt worden, dass zu Michaelis der Prorector Dr. Koch am Gymnasium zu Frankfurt a/O. als vierter Professor und zu Ostern d. J. der Oberlehrer Dr. Abicht am Gymnasium zu Emden als fünfter, der Gymnasiallehrer Dr. Schimmelpfeng am Gymnasium zu Marburg als sechster Professor angestellt worden sind. In Zusammenhang damit wurden Professor Buchbinder aus der dritten Professur in die zweite, und, nachdem zu Ostern Professor Koch um eine Stelle aufgerückt war, Professor Siegfried aus der fünften in die vierte Professur befördert.

Ueber die neuen Mitglieder des Lehrercollegiums ist Folgendes mitzutheilen:

Hermann Adolf Koch, geb. den 26. Aug. 1829 in Bremen, erhielt seine Vorbildung auf dem Gymnasium seiner Vaterstadt, von wo er Michaelis 1846 mit dem Zeugnisse der Reife entlassen wurde. Er besuchte hierauf die Universitäten Halle, Göttingen, Bonn, promovirte auf der letztgenannten Universität Mai 1851 und erwarb sich bald darauf vor der dortigen Prüfungscommission die facultas docendi. Von Michaelis 1851 bis Ostern 1853 war er am Friedrich-Wilhelmsgymnasium in Berlin thätig. Von dort wurde er als Adjunct an das Pädagogium zu Putbus berufen. Nach vierjähriger Verwaltung dieser Stelle trat er Ostern 1857 als ordentlicher Lehrer an der Ritteracademie zu Brandenburg ein und wurde hier Michaelis 1859 zum Oberlehrer befördert. Ostern 1863 wurde er Prorector am Gymnasium zu Frankfurt a/O., von wo er Michaelis 1866 als vierter Professor an die Königliche Landesschule berufen wurde.

Karl Ernst Abicht, geboren am 8. Mai 1831, besuchte von 1844—1851 das Gymnasium zu Clausthal, studierte 1851—1855 Philologie und Geschichte in Göttingen, wo er im Herbst 1855 die Prüfung für das höhere Schulamt bestand und sich die Doctorwürde erwarb. Gleichzeitig wurde er als ordentlicher Lehrer an dem Alumnat zu Weinheim a. d. Bergstrasse angestellt, von wo er Mich. 1857 in gleicher Eigenschaft an das Johanneum zu Lüneburg berufen wurde. Von hier aus ward er Ostern 1863 als Oberlehrer an das Gymnasium zu Aurich und 1865 an das Gymnasium zu Emden versetzt. Von da wurde er Ostern 1867 als Professor an die Königl. Landesschule zu Pforta berufen.

Gustav Schimmelpfeng, geboren am 30. März 1829, besuchte von 1837 bis 1847 das Gymnasium seiner Vaterstadt Hersfeld, studierte bis 1849 zu Göttingen, dann zu Marburg, wo er 1850 die vorgeschriebene Prüfung für Bewerber um ein Gymnasiallehramt bestand. Nachdem er darauf ein Jahr an dem Gymnasium zu Cassel und ein Jahr als Privatlehrer in Hannover unterrichtet hatte, wurde er zu Ostern 1853 an das Gymnasium in Marburg berufen; 1857 von der philosophischen Facultät der Universität Marburg zum Doctor promovirt, blieb er an dem dortigen Gymnasium, bis er zu Ostern d. J. die Berufung an die Königl. Landesschule in Pforta erhielt.

Prof. Koch wurde am 3. October v. J., Prof. Abicht und Prof. Schimmelpfeng am 16. April d. J. feierlich eingeführt; an welchem letzteren Tage auch zugleich die Einführung des mittlerweile definitiv angestellten zweiten Adjunkten Schreyer stattfand.

Durch die Wiedervervollständigung des Lehrercollegiums wurde es möglich, die bisher nur theilweise stattfindende Theilung der Prima vollständig durchzuführen und in Untertertia einen Nachhülfeunterricht einzurichten.

IV. Die Zöglinge der Anstalt.

Uebersicht über die Frequenz der Anstalt:

	In	Ia	Ib	IIa	IIb	IIIa	IIIb	Summa
Nach Ostern 1866 waren		22	33	27	42	40	41	205
Abgegangen von Ostern bis Michaelis		16	—	4	4	3	2	29
Es waren zu Michaelis nach Abgang der Abiturienten		6	33	23	38	37	39	176
Davon wurden versetzt		—	17	8	20	16	22	83
Es kamen durch Versetzung hinzu		17	8	20	16	22	—	83
Neu aufgenommen zu Michaelis		—	—	—	1	4	20	25
Nach Michaelis 1866		23	24	35	35	47	37	201
Abgegangen von Michaelis bis Ostern		6	1	2	1	—	—	10
Es waren zu Ostern nach Abgang der Abiturienten		17	23	33	34	47	37	191
Davon wurden versetzt		—	15	9	17	20	16	77
Es kamen durch Versetzung hinzu		15	9	17	20	16	—	77
Neu aufgenommen zu Ostern 1867		—	—	—	1	2	16	19
Nach der Versetzung bis jetzt abgegangen		1	--	4	1	—	—	7
Jetzt	31	17	37	37	45	36		203

XIII

Mit dem Zeugniss der Reife zur Universität sind abgegangen:

No.	Namen	Geburtsort	Alter	Schulzeit überh.	Schulzeit in I	Studium	Universität
	a) im Sommer 1866						
1	*Franz Koch*	Weissenfels	$20^1/_2$	$6^3/_4$	$2^1/_4$	Theologie	Halle
2	*Otto Steinhardt*	Schlieben	19	$6^3/_4$	$1^3/_4$	Soldat	—
	b) Michaelis 1866						
1	*Julius Brennecke*	Cröchern	$20^1/_4$	6	2	Theologie	Halle
2	*Hermann Backs*	Keuschberg	19	5	2	Philologie	Halle
3	*Paul Ehrenberg*	Alsleben a/I.	20	$6^1/_2$	2	Jura et Cameralia	Jena
4	*Clemens Voigt*	Pülswerda	$19^1/_4$	$5^1/_2$	2	Philologie	Halle
5	*Ludwig Triemel*	Beelitz	19	$5^1/_2$	2	Philologie	Leipzig
6	*Curt von Rohrscheidt*	Liebenwerda	18	5	2	Jura et Cameralia	Berlin
7	*Bernhard Seger*	Gnesen	21	5	2	Philologie	Greifswald
8	*Gustav Heidemüller*	Lebusa	$20^1/_2$	$5^1/_2$	2	Philologie	Halle
9	*Carl Jäger*	Pforta	$18^3/_4$	$5^1/_2$	2	Jura et Cameralia	Halle
10	*Otto Reinhardt*	Oppenhausen	$19^1/_2$	$5^1/_2$	2	Theologie	Halle
11	*Otto Buddensieg*	Tennstädt	20	$6^1/_2$	2	Theologie	Leipzig
12	*Ernst Schumann*	Zeitz	20	3	2	Medicin	Halle
13	*Selmar Lüttich*	Lengefeld	$19^1/_2$	6	2	Philologie	Leipzig
14	*Johannes Potel*	Uftrungen	$20^3/_4$	$7^1/_2$	2	Medicin	Greifswald
	c) Ostern 1867						
1	*Carl Dietze*	Zörbig	$19^1/_2$	6	2	Jura et Cameralia	Halle
2	*Oscar Hossfeld*	Pforta	$18^3/_4$	6	2	Baufach	Breslau
3	*Ernst Kettner*	Kösen	$21^1/_4$	$6^1/_2$	2	Baufach	Halle
4	*Carl Veit*	Leipzig	19	$5^1/_2$	2	Philologie	Leipzig
5	*Wilhelm Werther*	Halle	$19^1/_2$	$3^1/_2$	2	Buchhandel	Halle
6	*Paul Zachariae*	Grosskmehlen	19	$5^1/_2$	$1^1/_2$	Soldat	—

Ausserdem sind abgegangen:

a) aus Oberprima: *Adolph Günther* aus Ortrand; b) aus Unterprima: *Oscar Hildebrandt* aus Pforta; c) aus Obersekunda: *Conrad Besser* aus Potsdam, *Richard Schwarz* aus Jena, *Bodo v. Dewitz* aus Zachow, *Max König* aus Weissenfels, *Gustav Bergmann* aus Berleburg, *Ernst Wegrich* aus Dachwig, *Paul v. Alten* aus Naumburg, *Richard Backs* aus Keuschberg, *Victor Kühn* aus Glogau, *Carl Richter* aus Burg; d) aus Untersekunda: *Hermann Dölecke* aus Suhl, *Paul Schemionek* aus Berlin, *Friedrich Gundlach* aus Wiche, *Ernst Weber* aus Bautzen, *Thilo v. Werthern* aus Erfurt, *Emil Pflugradt* aus Prenzlau; e) aus Obertertia: *Edmund Winterfeldt* aus Gersdorff, *Conrad v. Magnus* aus Gröditz, *Georg Bauerfeind* aus Zinna; f) aus Untertertia: *Woldemar Wehle* aus Erfurt, *Eduard Lombard* aus Naumburg, *Magnus von Neindorff* aus Zielenzig. Davon sind *Richter*, *Dölecke*, *Schemionek*, *Weber*, *v. Magnus*, *Wehle* auf andere Gymnasien, die übrigen, so viel uns bekannt, zu anderen Berufsarten übergegangen.

Verzeichniss der Alumnen und Extraneer.

Ober-Prima.
I. Ordnung.

Wilhelm Sickel I. aus Rossleben. Insp. Fam. Prof. Abicht.
Hermann Weise aus Uhrleben. Insp.
Ulrich v. Wilamowitz-Möllendorff I. aus Markowitz. Extr. Rector Dr. Peter.
Julius Schmölder aus Oestrich. Insp.
Walther Flügel I. aus Vesta bei Dürrenberg. Insp.
Georg Weber aus Burg. Insp. Fam. Insp. Bässler.
Johannes Schmidt aus Artern. Insp. Fam. Adj. Schroyer.
Heinrich Gebhardt aus Mücheln. Insp.
Hermann Romberg aus Hilchenbach. Insp. Fam. Oberl. Volkmann.
Carl Günther aus Barby. Insp. Fam. Prof. Koch.
Theodor Schenk aus Dodendorf. Insp.
Paul Wald aus Potsdam. Insp.
Gotthold Bauerfeind aus Zinna. Insp.
Hermann v. Windheim aus Gr. Oschersleben. Insp. Fam. Rector Dr. Peter.
Oscar Jacob aus Pforta.
Curt Weineck aus Halle.
Friedrich v. Ammon aus Cöln.

II. Ordnung.

Arthur Schilling aus Naumburg. Insp. Fam. Prof. Siegfried.
Otto Posse aus Weissensee. Insp.
Max Röhmer aus Neisse.
Otto Kabisch aus Bibra.
Walther Engel I. aus Dörrenbach.
Rudolph Schaufuss aus Frankleben. Fam. Prof. Buchbinder.
Ulrich Etzdorf I. aus Neumark. Fam. Oberl. Kretzschmer.
Carl Burchardi aus Erfurt. Fam. Prof. Schimmelpfeng.
Oscar Riebel aus Dyhernfurth. Fam. Adj. Dr. Richter.
Heinrich Galle I. aus Zwethau.
Ernst Peter aus Pforta. Extr. Rector Dr. Peter.
Hermann Kessler aus Lerbeck.
Paul Freygang aus Dresden.
Heinrich Niese aus Bahrendorf.

Unter-Prima.
I. Ordnung.

Albert Hochheim aus Langensalza.
Hermann Greiff I. aus Tecklenburg.
Friedrich Greiff II. aus Tecklenburg.
August Redtel aus Berlin. Fam. Adj. Dr. Kramer.
Hermann Hirt aus Thamsbrück.
Georg Handrick aus Kösen.
Paul Wolf aus Schafstedt.
Adolph Fritzch aus Wetzlar.

II. Ordnung.

Wilhelm Godt aus Schleswig.
Ernst Pfeil aus Kötschau.
Ehrich Simroth I. aus Riestädt. Fam. Prof. Koberstein.
Heinrich Sickel II. aus Rossleben.
Wilhelm Petzold aus Keutschen.
Hugo v. Reitzenstein aus Görlitz.
Eduard Mittag aus Elsterwerda.
Hermann Rostosky aus Dessau.
Wilhelm Michaelis aus Frohndorf.

Ober-Secunda.
I. Ordnung.

Albrecht Wagner I. aus Suhl.
Otto Romeiss I. aus Coburg.
Paul Stoll aus Wengelsdorf.
Oscar Scheibe aus Kemberg.
Wilhelm Matthes aus Kösen.
Georg Sander I. aus Leubingen.
Florentin Schneider I. aus Mühlberg a/E.
Leopold Döhlert aus Spielberg.
Conrad Sander II. aus Leubingen.
Hermann v. Grabow aus Berlin. Extr. Prof. Buchbinder.
Hugo Bittag aus Elsterwerda.
Berthold Schmiedel aus Rossleben.
Johannes Geucke aus Teuchern.
Rudolph Kuhls aus Joachimsthal.
Friedrich Ehrenberg aus Halle.
Georg Rietzsch aus Görlitz.
Paul Sernau aus Wolmirstedt.
Johannes Abel aus Tettenborn.
Curt Grässner aus Kösen.
Theodor Siebert aus Ziegenrück.
Heinrich Hempel aus Weissenfels.

II. Ordnung.

Eugen Breyther aus Sangerhausen.
Heinrich Simroth II. aus Riestädt.
Theodor Ludwig I. aus Heiligenfelde.
Ernst Pulvers aus Eilenburg.
Gustav Schoppen aus Bibra.
Woldemar Böhme aus Niederglaucha.
Georg Salbach aus Berlin. Extr. Prof. Buchbinder.
Carl Lorenz aus Zeitz.
Richard v. Meyer I. aus Helpe bei Arnswalde.
Hermann Wickenhagen aus Schlossbeichlingen.
Wilhelm Müller aus Berlin. Extr. Prof. Buchbinder.
Otto v. Dewitz aus Zachow.
Theodor Zachariae I. aus Grosskmehlen.
Max Stöckert aus Calbe a/S.
Hermann Buddensieg aus Tennstedt.
Alwin Francke aus Sangerhausen

Unter-Secunda.

I. Ordnung.

Eduard Greiff III. aus Tecklenburg.
Hugo Wagner II. aus Bitterfeld.
Gottlob Nauck aus Badresch. Extr. Oberl. Volkmann.
Hans v. Teubern aus Dresden.
Ferdinand Rösiger aus Freiburg.
Gustav Sorhagen aus Delitzsch.
Wilhelm Bach aus Schallenburg.
Richard Jost aus Delitzsch.
Otto Klauwell aus Langensalza.
Richard Wiemann aus Oberschmon.
Heinrich Thomée aus Altena. Extr. Prof. Buchbinder.
Otto Harmuth aus Lübben.
Adelbert Schröter I. aus Weissenfels.
Friedrich Landmann I. aus Münster.
Gustav Kramer aus Beuthen. Extr. Prof. Koch.
Louis Potel aus Uftrungen.
Max Benda aus Berlin. Extr. Adj. Schreyer.

II. Ordnung.

Friedrich Krankenhagen aus Sangerhausen.
Carl Spengler aus Grosskamsdorf.
Paul Freyberg aus Delitzsch.
Thilo Lehmann aus Elsterwerda.
Paul Heinrich aus Schnathorst.
Paul Schütze aus Naundorf.

Hermann Ruppe aus Saarlouis.
Heinrich de Cuvry aus Dresden. Extr. Prof. Koch.
Alfred Büchner aus Belzig.
Albert Wölfer I. aus Schorgula.
Paul Kaupisch aus Arnsberg a/R.
Ernst Demelius aus Sangerhausen.
Albrecht Rienäcker aus Holdenstedt b. Eisleben.
Gustav Huppich aus Schillingstedt.
Rudolph Schneider II. aus Mühlberg a/E.
Martin Lauenroth aus Brochterstedt.
Richard v. Eschwege aus Kassel. Extr. Oberl. Volkmann.
Woldemar Jsbary aus Gleina.
Felix Häse aus Wittgendorf.
Wilhelm Welter aus Petersburg. Extr. Adj. Schreyer.

Ober-Tertia.

I. Ordnung.

Paul Geissler aus Gräfenhainchen.
Heinrich Backs aus Keuschberg.
Otto Keil aus Kösen.
Georg v. Wilamowitz-Möllendorf II. aus Markowitz.
Ehrich Schirmer aus Berlin.
Hugo Rosenthal aus Brynneck. Extr. Prof. Koch.
Eugen Koch aus Sangerhausen.
Otto Galle II. aus Zwethau.
Curt Seyferth aus Posen.
Reinhardt Triebel aus Obhausen.
Gustav Millitzer I. aus Weissenfels.
Rudolph Heynemann aus Altgolssen.
Carl Reuss aus Schlossbeichlingen.
Otto Voigt I. aus Kösen.
Alfred Dengel aus Berlin.
Ernst Stapf I. aus Hechendorf.
Carl Schrader aus Sangerhausen.
Carl Kraft aus Schortau.
Friedrich Rabe I. aus Naumburg.
Curt Rehkopf aus Wegenstedt.
Percy v. Lösecke aus Gr. Schönwald.
Paul Fraisse aus Berlin. Extr. Prof. Siegfried.
Otto v. Plüskow aus Jena.
Paul Bässler aus Pforta. Semiextraneer.
Christoph Graf Reichenbach aus Gr. Schönwald. Extr. Prof. Buchbinder.
Georg Pieschel aus Brumby.
Hugo Wölfer II. aus Ortrand.
Martin Schröter II. aus Potsdam.

II. Ordnung.

Johannes *Burkhardt* aus Sangerhausen.
Carl *Oelze* aus Gr. Werther.
Carl Ludwig *II.* aus Rödgenstedt.
Wilhelm *Habermeyer* aus Naumburg.
Emil *Doberentz* aus Naumburg.
Hermann *Romeiss II.* aus Coburg.
Emil *Suchsland I.* aus Schiepzig.
Georg *Rabe II.* aus Naumburg.
Richard *Borrmann I.* aus Graudenz. Extr. Prof. Siegfried.
Alexander *Rüstig* aus Torgau.
Wolfgang *Dreising* aus Merseburg.
Oscar *Schimmelbusch* aus Hochdahl. Semiextr.
Felix v. *Behr* aus Vargatz. Extr. Prof. Buchbinder.
Georg *Kreich* aus Liebenau. Semiextraneer.
Richard *Hossfeld* aus Pforta.
Michael v. *Meyer II.* aus Helpe bei Arnswalde.
Friedrich *Danneel* aus Berlin. Extr. Prof. Bässler.

Unter-Tertia.

I. Ordnung.

Rüdiger *Etzdorf II.* aus Neumark.
Bernhard *Fluchs* aus Schieben.
Paul *Thiele* aus Weissenfels.
Alfred *Engel II.* aus Dörrenbach.
Eugen *Jungmann* aus Sangerhausen.
Heinrich *Zachariae II.* aus Grosskmehlen.
Curt v. *Kräwell* aus Naumburg.
Georg *Rex* aus Koczmin.

Wilhelm *Trillhase* aus Laucha.
Georg *Borrmann II.* aus Graudenz. Extr. Prof. Siegfried.
Richard *Küllenberg* aus Schleiden.
Paul *Bromme* aus Naumburg.
Max *Krupka* aus Krotoschin.
Richard *Walter* aus Hoyerswerda.
Johannes *Flügel II.* aus Vesta.

II. Ordnung.

Alexis *Streichenberg* aus Berlin. Extr. Prof. Siegfried.
Johannes *Millitzer II.* aus Weissenfels.
Woldemar *Fabarius I.* aus Reideburg.
Kurt v. *Funcke* ans Stahmeln.
Hermann *Koschel* aus Möckern.
Julius *Schweitzer* aus Halle.
Theodor *Voigt II.* aus Kriegstädt.
Max *Stoy* aus Zeitz.
Hermann *Hildebrandt* aus Pforta.
John *Kretzschmer* aus Berlin.
Otto *Stapf II.* aus Hechendorf.
Kurt *Rukser* aus Querfurt.
Max *Sander III.* aus Leubingen.
Clemens v. *Oertzen* aus Muckrow.
Richard *Barth* aus Untergreislau.
Adolph *Suchsland II.* aus Schiepzig.
Paul *Furcht* aus Naumburg.
Max *Standfuss* aus Parchwitz.
Richard *Landmann II.* aus Weltewitz.
Siegfried *Fabarius II.* aus Reideburg.
Martin *Pfeifer* aus Bibra.

V. Stand des Lehrapparats.

Für die Bibliothek wurden im Laufe des verflossenen Schuljahres aus den etatsmässigen Mitteln angeschafft:

Josephi Scaligeri poemata omnia ex Musis Petri Scriverii. ed. II. Berol. 1864. - Urkunden und Aktenstücke zur Geschichte des Kurfürsten Friedrich Wilhelm von Brandenburg. Bd. II. Ueber auswärtige Akten I. (Frankreich). Bd. III. (Niederlande) von H. Peter. Berl. 1866. - Toison d'or de la langue Phénicienne par l'abbé F. Bourgade. II. edit. Paris 1856. - Histoire de Jules César. T. II. Guerre des Gaulois. Paris 1866. Atlas (Cartes du tome II. Paris 1866). - Gervinus, Geschichte des neunzehnten Jahrhunderts seit den Wiener Verträgen. Bd. VIII. Leipz. 1866. - Geschichte des Dramas von J. L. Klein. 4 Bde. Leipz. 1865-66. - Monumenta Germaniae historica. G. H. Pertz. Scriptorum Tom. XIX. - Corpus reformatorum Vol. XXXII u. XXXIII. Joh. Calvini opp. ed. Guil. Baum, Eduard Kunitz. Ed. Reuss Vol. IV u. V. Brunsvig. 1866. - Themistii Paraphrases Aristotelis librorum ed. L. Spengel I-II. Lips. 1866. - Justiniani Digestorum seu Pandectarum libri I-X. Acc. tabb. duae. XI-XVII. Pandect. ed. Th. Mommsen. Berol. 1866-67. - Histoire de la guerre de 1813 en Allemagne par Charras, avec cartes spéciales. Leipz. 1866. - Scriptores rerum Germanicarum in usum scholarum ex monumentis Germaniae historicis recudi fecit. G. H. Pertz. Hannoverae. Ryccardi de sancto Germano Natasii Chronica 1864. - Cnutonis regis gesta 1865. - Annales Poloniae ex rec. Arndtii et Boepelii 1866. - Die Geschichtschreiber der deutschen Vorzeit in deutscher Bearbeitung von H. Pertz u. A. Liefg. 47. - Formenlehre der lateinischen Sprache von F. Neue. Th. I. Stuttg. 1865. - Euripidis tragoediae ex rec. A. Nauckii ed. II. Lips. 1857. Vol. I u. II. - Empedoclis Agrigentini fragmenta ed. H. Stein. Bonn. 1852. - Hyperidis orationes duae, cum scholiis ed. F. G. Schneidewin. Goetting. 1853. - Hyperidis oratio funebris. rec. C. G. Cobet. Lugd. Batav. 1858. - De Hyperide oratore Attico commentatio. F. G. Kiessling. Hildburgh. 1837. - Graecitatis Hyperideae indicis Pars I-VIII. ed. A. Westermann. Lips. 1860-64. - Fragmenta philosophorum graecorum coll. rec. vert. annotationibus illustr. indicibus instr. F. G. Mullach. Paris 1860. - Rhetores Graeci, ex recogn. L. Spengel. Vol. I-III. Lips. 1853-56. - Oracula Sibyllina ad fidem codd. inscr. rec. prolegom. illustr. etc. J. H. Friedlieb. Lips. 1852. - Julii Pollucis Onomasticon ex rec. Imm. Bekkeri. Berol. 1846. - Die Alexandrinischen Bibliotheken unter den ersten Ptolemäern und die Sammlung der Homerischen Gedichte durch Pisistratus nach Anleitung eines Plautinischen Scholions. Fr. Ritschl. Bresl. 1838 - L. Apulei Madaurensis floridorum quae supers. ad codd. Florent. recens. G. Krueger. Berol. 1865. - Cicero, Brutus de claris oratoribus, für den Schulgebrauch erklärt von K. W. Piderit. Leipz. 1862. - Theophrasti Charakteres ed. Eug. Petersen. Lips. 1859. - Q. Horatii Flacci opp. cum novo commentario (Duebner). Paris 1855. - D. Junii Juvenalis saturae ed. O. Ribbeck. Lips. 1859. - P. Terentii Afri Comoediae sex cum interpretatione Donati et Calpurnii et commentario perpetuo ed. A. H. Westerhovius, cur. G. Stallbaum. Vol. I-IV. 1830-31. - Persii Flacci saturarum liber. C. F. Hermann. Lips. 1854. - Roberti Geicri de Ptolomaei Lagidae vita et commentariorum fragmentis. Hal. Sax. 1838. - Inscriptions recueillis à Delphes et publiées pour la première fois par C. Wescher. P. Foucart. Paris 1863. - Handbuch der röm. Epigraphik. O. Zell. Th. I. Delectus inscriptionum Romanarum cum monumentis legalibus. Th. II. Anleitung zur Kenntniss der röm. Inschriften. Heidelb. 1850-52. - Geschichte der Kunst in ihrem Entwickelungsgange von J. Braun. Bd. I u. II. Wiesbaden 1856-58. - Griech. Götterlehre von E. Braun in zwei Büchern. Hamburg u. Gotha 1854. - Griech. u. Röm. Metrologie von F. Hultsch. Berl. 1862. - Geschichte der Hellenischen Dichtkunst von H. Ulrici. 2 Thle. Berl. 1835. - Philologische Abhandlungen von C. A. C. Klenze, herausg. von K. Lachmann. Berl. 1839. - A. G. Lange's, vormaligen Rektors der Landesschule Pforta, vermischte Schriften u. Reden, herausg. von K. G. Jacob. Leipz. 1832. - Neue Feuerbrände zum Brennen u. Leuchten, herausg. von d. Verf. d. vertrauten Briefe über die inneren Verhältnisse am Preussischen Hofe seit dem Tode Friedrichs II. Ein Journal in zwanglosen Heften. H. 1-2, 4-5, 7-8, 10-11, 13-14, 16-17. - Neue Feuerbrände. Marginalien zu d. Schrift: Vertraute Briefe über die inneren Verhältnisse am Preuss. Hofe. Von dems. Verf. Bd. 1-6. Amsterd. u. Cöln 1807 u. 1808. - Rerum Milesiarum Commentatio prima. Guil. Theoph. Soldan. Darmst. 1829. - Geschichte des Königreichs Neapel von P. Coletta. 3 Bde. Cassel 1853-55. - Erlebtes aus den Jahren 1790-1827 von W. Dorow. Th. 1-4. Leipz. 1843-45. - Vor fünfzig Jahren. Nach d. Aufzeichnungen von Augenzeugen und den Stimmen jener Zeit von F. Adami. Berl. 1863. - J. Ch. F. Schaub's gesammelte Schriften, herausg. von F. A. Eckstein. Halle 1858. - Erinnerungen an Napoleon während der ersten drei Jahre seiner Gefangenschaft auf St. Helena von Lucie Elisab. Abel. Aus d. Engl. übersetzt von W. A. Lindau. Dresd. u. Leipz. 1844. - Aus K. von Nostitz Leben u. Briefwechsel. Auch ein Lebensbild aus den Befreiungskriegen. Dresd. u. Leipz. 1848. - F. v. Schill's Zug u. Tod im Jahre 1809 von G. Baersch. Leipz. 1860. - Geist der Zeit von E. M. Arndt. 4. Aufl. Altona 1861. - E. M. Arndt's Schriften für und an seine lieben Deutschen. Zum ersten Male gesammelt und durch Neues vermehrt. Th. 4. Berl. 1855. - Pro populo Germanico von E. M. Arndt. Berl. 1854. - Blätter der Erinnerung, meistens um und aus der Paulskirche in Frankfurt von E. M. Arndt. Leipz. 1849. - Nothgedrungener Bericht aus s. Leben und aus u. mit Urkunden der demagogischen u. antidemagogischen Umtriebe von E. M. Arndt. Th. I u. II. Leipz. 1847. - Briefe aus Paris zur Zeit der Revolution, geschrieben von J. H. Campe. Braunschw. 1790. - Congrès de Vérone. Guerre d'Espagne. Négociations. Colonies Espagnoles par M. de Chateaubriand. Edit. originale T. I-II. 1848. - Ideen zur Gesch. des Verfalls der griech. Staaten von W. Drumann. Berl 1815. - Beiträge zur Gesch. Deutschlands in den Jahren 1805-9 aus brieflichen Mittheilungen von F. Perthes, J. v. Müller, v. Armfels, Gr. d'Antraigues. Veröffentlicht durch den Herausg d. Briefe von Joh. v. Müller. Schaffhausen 1843. - 1814 und 15 oder Gesch. des Wiener Congresses v. Capefigue. 2. Aufl. Abth. I. Grimma u. Leipz. 1850. - Enthüllungen über Kaspar Hauser von G. F. Daumer. Frankf. a.M. 1859. - Meine Wanderung durchs Leben. Ein Beitrag zur inneren Geschichte der ersten Hälfte des 19. Jahrh. Tb 1-6. Leipz. 1856-61. - Ueber die Entstehung der heutigen Griechen v. J. Ph. Fallmerayer. Stuttg. u. Tüb. 1835. - Kypros. Eine Monographie von W. H. Engel. Th. 1-2. Berl. 1841. - Erlebnisse eines sächs. Landpredigers in den Kriegsjahren 1806-15. Leipz. - Das Tagebuch des Feldpredigers Seegebart u. sein Brief an J. D. Michaelis. Ein Beitrag zur Gesch. des ersten schlesischen Krieges. Herausg. von K. R. Fickert. Bresl. 1849. - Der Krieg der tyroler Landsleute im Jahre 1809 von J. L. S. Bartholdy. Berl. 1814. - Reise auf den Inseln des thrakischen Meeres von A. Conze. Hannov. 1860. - Reise auf der Insel Lesbos von A. Conze. Hannov. 1865. - Antiquités Helléniques ou Répertoire d'inscriptions et d'autres antiquités découvertes depuis l'affranchissement de la Grèce par A. R. Rangabé. Athènes 1842. - Napoleon in der Verbannung oder eine Stimme aus St. Helena. Die Ansichten u. Urtheile Napoleon's über die wichtigsten Ereignisse seines Lebens von Barry E. O'Meara. Aus d. Engl. übersetzt. Bd. I u. II. Stuttg. u. Tübing. 1822. - Friedrich der Grosse, seine Familie, seine Freunde u. sein Hof von Dieudonné Thiebault. Th. I u. II. Leipz. 1828. - Gotth. Ephraim Lessing, sein Leben u. seine Werke von Th. W. Danzel. Nebst einigen Nachträgen zur Lachmann'schen Ausgabe. 2 Bde. 1850 u. 54. - Gotth. Ephr. Lessing's Leben u. Werke in der Periode vollendeter Reife v. G. E. Guhrauer. 2. Abth. - Das Leben Jesu für das deutsche Volk, bearb. von D. F. Strauss. 2. Aufl. Leipz. 1864. Stammbaum der Familie des Dr. Martin Luther, herausg. v. Nobbe. Grimma 1846. - M. Johann Mathesius, Leben Dr. Martin Luther's in 7 Predigten. Neu herausg. von A. J. D. Buss. Vorwort von A. Neander. Berl. 1841. - Gesch. des Lützow'schen Freikorps von J. F. G. Eiselen. Halle 1841. - Herr von Hormayr und die Lebensbilder aus dem Befreiungskriege. Piece aus den politischen Predigten des Dr. Faber. Leipz. 1844. - Erinnerungen an die Schlacht von Gross-Görschen. Zeitz 1863. - Das Klosterleben Kaiser Karl's V. Aus dem Engl. von W. Stirling, von A. Kaiser. Leipz. 1863. - Die Völkerschlacht in Leipzigs Umgebungen von C. H. L. Hartmann. Leipzig 1803. - Denkwürdige Momente aus Napoleon's Aufenthalt in Sachsen von J. A. Heink. Dresden 1860. - Tib. und C. Gracchus von F. D. Gerlach. Basel 1843. - Hellenika, Griechenland in neuen das alte von W. Forchhammer, Bd. I. Berlin 1837. - Perikles. Eine Erzählung aus dem Athen. Leben in der 83. Olympiade. Aus dem Engl. v. J. Fröbel. Leipzig. 2 Bd. 1847. - Geschichte Andreas Hofer's Sandwirths von Passeyer, durchgehends nach Originalquellen. Zweite durchaus umgearbeitete und sehr vermehrte Auflage. Leipz. 2 Thl. 1845. - Gemälde des Wiener Congresses 1814-15 von Graf de la Garde, übers. von L. Eichler. Leipz. 1844. - Reden u. Glossen von E. M. Arndt. Leipz. 1848. - Biographie des Tiroler Heldenpriesters Joachim Haspinger von A. Ritter von Schallhammer. Salzburg 1856. - Die Schlacht von, nicht bei Rossbach oder die Schlacht auf den Feldern von und bei Reichartswerben den 5 Novbr. 1757 und was ihr vorausging und folgte von J. E. Th. Wietzsch. 1858. - Arthur Herzog von Wellington u. s. Z. Mit Benutzung engl. Quellen, bearb. v. K . . . . Der militärische Theil durchgesehen v. A. v. Witzleben. 2. Ausg. Leipz. 1853. - Ueber Friedrich d. Grossen und meine Unterredungen mit ihm kurz vor seinem Tode. Von dem Ritter von Zimmermann. Frankf. u. Leipz. 1788. - Das Andenken C. T. Eifert's, gewesenen Inspektors in der Schulpforta nebst einer Predigt von J. G. S. Fischer. Weissenfels 1787. - Beiträge zur franz. Geschichte von K. G. Jacob. Leipz. 1846. - Selbstvertheidigung von F. L. Jahn. Mit einem Vorworte von E. Burckhardt. Leipz. 1863. - Leipzig während der Schreckenstage der Schlacht im Oktober 1813, als Beitrag zur Chronik dieser Stadt-Leipz. - Vertraute Briefe über die innern Verhältnisse am Preussischen Hofe seit d. Tode Friedrichs II. Bd. I-VI. Amsterdam u. Cöln 1806 u. 1807. - Scenen in Paris während und nach der Zerstörung der Bastille. Nach franz. u. engl. Schriften und Kupferstichen. Erste Sammlung. Leipz. 1790. - Napoleon II. duc de Reichstadt par le comte de Suzor. 3me edit. Bruxelles 1841. - Die Schlacht bei Rossbach von K. A. Sturm. Weissenf. 1857. - Geheime Geschichte des Feldzuges von 1812 in Russland von R. Wilson. Aus dem Engl. von J. Seybt. Leipz. 1861. - Das Tiroler Bauerspiel, Charaktergemälde aus den Jahren 1809-1816. Magdeb. 1841. - Sokrates als Mensch, als Bürger und als Philosoph oder Versuch einer Charakteristik des Sokrates von G. Wiggers. Rostock 1807. - Erinnerungen aus den Kriegszeiten von 1806-13 von F. v. Müller. Braunschw. 1851. - Ueber Hamburgs Vertheidigung im Frühjahr 1813. Des Herrn von Hess „Agonien der Republik Hamburg" entgegengesetzt von D. C. Mettlercamp. Hamburg 1816. - Tirol im Jahre 1809. Nach Urkunden dargestellt von J. Rapp. Innsbruck 1852. - Histoire de la captivité de Saint-Hélène. par Montholon Th. I. Berl. 1846. - Napoléon et Marie-Louise. Souvenirs historiques des M. le bavon de Meneval 2 Thl. Coblenz. - Denkwürdigkeiten der grossen Völker- und Befreiungsschlacht bei Leipzig von M. Jani. Leipz. 1846. - Die Völkerschlacht bei Leipzig von R. Naumann. Leipz. 1863. - Das Königreich Westphalen und seine Armee im Jahre 1813, sowie die Auflösung desselben durch Graf A. Czernicheff von F. A. K. Specht. 1848 Cassel. - Die Völkerschlacht bei Leipzig nach den besten Quellen bearbeitet von Franz Sommer. Leipz. 1863 - Sachsen und seine Krieger in den Jahren 1812 und 1813., Leipz. 1829. - Histoire anecdotique, politique et militaire de la garde impériale par E. M. de Saint-Hilaire. Bruxelles et Leipz. 4 Thle. 1846-47. - Napoléon au bivac aux Tuileries et à Saint-Hélène par E. M. de Saint-Hilaire. Brux. et Leipz. 1848. - Leipzig seit dem Einmarsch der Franzosen am 18. Oktober 1806 bis zu dem in Tilsit abgeschlossenen Frieden und Napoléons Durchreise. Von einem stillen Beobachter. 1807. - Meine Erlebnisse vor und während der Schlacht bei Leipzig von C. G. Leonhardt. Leipz. 1854. - Friedrichs d. Grossen Unterredungen mit mir im Jahre 1782. Die Lage der Welt und Preussens seit dem Tode Friedrichs d. Gr. Vom Obersten von Massenbach. Amsterdam 1809. - Preussische Soldatenlieder und einige andere Volkslieder und Zeitgedichte aus dem siebenjährigen Kriege und aus der Campagne in Holland. Herausgegeben von C. G. Kühn. Berl. 1852. - Erinnerungsblätter an die Schlacht bei Leipzig. Zwei Vorträge gehalten am 18. Oktober 1842 u. 1844 von K. G. Jacob. Halle 1845. - Beiträge zu der Biographie des Generals von Thielemann und zur Geschichte der jüngst vergangenen Zeit von A. Gr. von Holtzendorf. Leipz. 1830. - Zur Geschichte der Freiheitskriege. Die Freiwilligen (aus der Ztschr. Minerva) von K. G. Jacob. - Werke zum deutschen Volksthum von F. L. Jahn. Hildburgh. 1833. - Leipzigs Geschichte seit dem Einmarsch der Verbündeten im April 1813 bis zur Völkerschlacht von L. Hussel. Leipz.) - Der neue Gouverneur des Invalidenhauses zu Paris, Jerome Bonaparte (aus d. Ztschr. Minerva) von K. G. Jacob. - Chronikon Portense duobus libris distinctum M. Justini Pertuchii. Lips. 1612. - Deutschlands politische, materielle und soziale Zustände im 18. Jahrhdt. von K. Biedermann. Leipz. 1854. 2 Bde. - Germania, die Vergangenheit, Gegenwart und Zukunft der deutschen Nation, herausg. von einem Verein von Freunden des Volkes und Vaterlandes. Eingeführt durch E. M. Arndt. Bd. I u. II. Leipz. 1851-52. - Gottsched u. s. Zeit. Auszüge aus seinem Briefwechsel von Th. W. Danzel. Nebst einem Anhange D. W. Trillers Anmerkungen zu Klopstocks Gelehrtenrepublik. Leipz. 1848. - Friedrichs d. Grossen Besitzergreifung von Schlesien und Entwicklung der öffentlichen Verhältnisse in diesem Lande bis zum Jahre 1740, dargestellt von H. Wuttke. Bd. I u. II. Leipz. 1842-43. - Geschichte der Stadt Leipzig von der ältesten bis auf die neueste Zeit von K. Grosse. Bd. I u. II. Leipz. 1842. - L'ancienne Athènes ou la déscription des antiquités d'Athènes et ses environs par K. J. Pittakis Athénien. Athènes 1835. - H. K. E. Koehlers Gesammelte Schriften, herausg. von L. Stephani. Bd. I u. II. Serapis 1850. Bd. III. Abhandlungen über die geschnittenen Steine mit den Namen der Künstler 1851. Bd. IV u. V. Kleine Abhandlungen zur Gemmenkunde 1851 u. 52. Bd. VI. Kleine Abhandlungen vermischten Inhaltes. Petersburg 1853 - Abschiedspredigt gehalten in der Kirche zu Pforta am Feste der Erscheinung Christi den 6. Januar 1839 von H. E. Schmieder. Naumb. 1839. - Die Portenser. Ein dramatisches Gedicht von A. Türcke. Berl. 1853. - Ilgeniana. Erinnerungen an

K. D. Ilgen, insbesondere an dessen Reden in Erholungsstunden. Eine kleine Anekdotensammlung von W. N(aumann) 1853. - Kurze Nachricht von d. Leben und Wirken des am 6. Juli 1820 verst. Mathematikus an der Landesschule Pforta J. G. Schmidt. Nebst einigen Gedichten des Verstorbenen zum Andenken für seine Schüler und Freunde von dessen Sohne. Leipz. 1821. - Arithmetica Portensis oder Anfangsgründe der Rechenkunst von J. G. G. Hübschen. Leipz. 1748. - Carmina votiva Portae solennia natalitia a. MDCCCXLIII. celebranti Obtulit G. C.Freytagius. Lips. - Gesammelte Werke von J. Th. Fallmerayer, herausg. von G. M. Thomas. Bd. I. Neue Fgmte. aus dem Orient. Bd. II. Polit. und culturhist. Aufsätze. Bd. III. Kritische Versuche. Leipz. 1861. - William Penn od. d. Zustände Englands 1644-1718. Aus d. Engl. übertr. v. E. Bunjen. Leipz. 1854. - Deutsches Volksthum von F. L. Jahn. Neue unveränderte Ausgabe. Leipz. 1817. - Die Landesschule Pforta während der Stürme des Jahres 1813. Leipz. - Drei Predigten, gehalten von F. Duft, zweitem Geistlichen an der Landesschule Pforta. 1837. - Nebenstunden von E. M. Arndt. Leipz. 1826. - Leben des Feldmarschall Jacob Keith von K. A. Varnhagen von Ense. Berl. 1844. - Hieronymus Bonaparte, weiland König von Westfalen. Vom Verf. der Sphinx. Hamb. 1681. (sic!) - Bibel, hebräisch und deutsch. London. - Encaenia Portensia oder 5 pförtnische Schulpredigten von F. Balduin, den 1. Nov. 1624 und Joh. Manitius, 1. Nov. 1667, 1668, 1669, 1670 Wittenb. 1671. - Fasti Romani, the civil and literary chronology of Rome and Constantinople Vol. II Appendix from the death of Augustus to the death of Heraclius by H. F. Clinton Oxford 1850. - Urkunden zur Geschichte des Erzbisthums Mainz im 12. Jahrhunder', herausg. v. K. F. Stumpf. Innsbruck 1863. - Numismatique de l'ancienne Afrique. 3 Bde. Leipz. 1860. - Opuscula philologica F. Ritschl, Bd. I, Leipz. 1866. - Eusebi chronicorum libri duo ed. Alfred Schöne Tom. II. - Leop. Ranke, engl. Gesch. Bd. VI. Leipz. 1866. - Corpus inscriptionum Rhenanarum ed. Guil. Brambach. Elberfeld 1867. - Scriptores Metrici graeci ed. R. Westphal Vol. I Lips. 1866. - C. Plinii Secundi natur. hist. rec. D. Detlefsen, Vol. I, Berol. 1866. - Bibliotheca rerum Germanicarum. Tom. I Monumenta Corbeiensia ed. Ph. Jaffé, Tom. II Monumenta Gregoriana ed. Ph. Jaffé, Tom. III Monumenta Moguntina ed. Ph. Jaffé, Berol. 1866. - Die Homerische Textkritik von Jakob La Roche, Leipz. 1866. - Der Vokalismus des Vulgärlateins, Bd. II, von Schuchardt, Leipz. 1867. - Grammatici latini ex. rec. H. Keil. Vol. V. Tom. I. Leipz. 1867. - Censorini de die natali rec. F. Hultsch, Lips. 1867. - Gott in der Geschichte von Bunsen Th. II u. III. Etude sur l'instruction en Allemagne. Paris 1866. - Annalen der Physik und Chemie. 1866 Berl. Journal für. reine und angewandte Mathematik, herausg. von Crelle, Bd. 65, Berl. 1866. - Denkmäler, Forschungen und Berichte, herausg. von E. Gerhard. Lief. 69-72. Berl. 1866. - Abhandlungen der philosophisch-philologischen Klasse der königl. baierischen Akademie der Wissenschaften. Bd. 10, Abth. 3, Bd. II, Abth. 1. Münster 1866. - Das deutsche Kirchenlied von der ältesten Zeit bis zu Anfang des 17. Jahrhunderts von Ph. Wackernagel, Lief. 17-18, Leipz. 1866. - Museo di Napoli, Fasc. 63, Napoli 1865. - Etruskische Spiegel von Ed. Gerhard b. 1 -24, Berl. 1833-45. - Sanskritwörterbuch von Boethlingk und Roth, Th. 5, Bg. 21-40. - Ornamente aller klassischen Kunstepochen von W. Zahn, 2. Ausg. H. 17-20, Berl. - Die schönsten Ornamente und merkwürdigsten Gemälde aus Pompeji, Herculanum und Stabiae, W. Zahn, dritte Folge, H. 7-10, Berlin. - Berichte über die Verhandlungen d. Kgl. sächsischen Gesellsch. d. Wissensch. Philolog.-histor. Klasse 1865 u. 1866, I II, Leipz. 1866. - Germaniens Völkerstimmen. Anhang, Mundarten der stammverwandten gothischgermanischen Völker, Bd. III, Lief. 11 u. 12, Berl. 1866. - Bulletino dell' instituto di corrispondenza Archeologica, 1866, No. 1-10. - Deutsches Wörterbuch von Jac. und Wilh. Grimm. Bd. IV, Lief. 2 und V, Lief. 4 u. 5. - Philolog. und histor. Abhandlungen der kgl. Akademie der Wissensch., Berl. 1865.

Für die Schülerbibliothek wurden folgende Werke neu angeschafft: Beyer. F. Rückerts Leben und Dichtungen. - Carriere. Hellas und Rom, 2. Bd. - Freytag. Neue Bilder aus dem Leben des deutschen Volks. - Ders. Aus dem Mittelalter. - Hiecke. Reden und Aufsätze, herausg. von Wendt. - Loebell. Entwickelung d. deut. Poesie. 3 Bde. - C. Th. Perthes. Friedrich Perthes Leben. - Ders. Politische Zustände und Personen in Deutschland zur Zeit der franz. Herrschaft. - Schwab. Buch der schönsten Geschichten und Sagen. - Stahr. Agrippina. - Harnisch.

Vom Hausmäuschen und Feldmäuschen (Geschenk des Verf.) - Scott, Ausgew. Romane. 10 Bde. - Märchen der Tausend und Einen Nacht für die Jugend, bearb. von A. L. Grimm.
Ausserdem erhielt die Bibliothek theils von den vorgesetzten Behörden, theils von Freunden und Gönnern der Anstalt und von dankbaren ehemaligen Zöglingen derselben folgende Geschenke:
Vom *Königl. Ministerium der geistlichen, Unterrichts- und Medicinal-Angelegenheiten*: Berliner Blätter für Münz-, Siegel- und Wappenkunde, Bd. 3, Bg. 2 u. 3, 1867. - Etruskische Spiegel von E. Gerhard, Lief. 16, 17 und 18, Berl. 1866. - Monumenta Zollerana, Urkundenbuch zur Geschichte des Hauses Hohenzollern, herausg. von Stillfried u. Märcker, Berlin 1858, 8 Bd. - Leben und ausgewählte Schriften der Väter und Begründer der lutherischen Kirche. Eingel. von K. J. Nitzsch, Th. V, Bd. IV. - Alterthümer und Kunstdenkmale des erlauchten Hauses Hohenzollern, herausg. von R. Gr. Stillfried, Bd. 11, H. 6.
Von *Herrn Prof. Dr. Jahn*: Biographische Aufsätze von O. Jahn, Leipz. 1866. Gesammelte Aufsätze über Musik von O. Jahn, Leipz. 1866. - Göthes Briefe an Leipziger Freunde, herausg. von O. Jahn, 2. Aufl. Leipz. 1867. W. A. Mozart von O. Jahn, 2. Aufl. 1. Thl., Leipz. 1867. Von *Herrn Geheimen Regierungsrath Dr. Meineke*: Athenaei Deipnosophistae Vol. IV. ed. A. Meineke. Lips. 1867. Von *Herrn Gütschow*: Histoire de Jules César. Tom. II. (Prachtausgabe). Von *Herrn Prof. Dr. Breitenbach*: Xenophontis Anabasis cum app. crit ed. L. Breitenbach. Hal. 1867. Von *Herrn Prof. Dr. Ranke*: Ernesti Rankii carmina academica, Marburgi 1866. Von *Herrn Professor Dr. Corssen*: Kritische Nachträge zur lat. Formenlehre von W. Corssen. Leipz. 1866. Von *Herrn Hof- und Garnisonprediger Rogge*: Die evangelischen Geistlichen im Feldzuge von 1866, Berlin 1867. Immanuel — Gott mit uns, Predigt, geh. am Neujahrstage 1867, Berlin 1867. Von *Herrn Professor Schmidt*: Die Entwicklung der vergleichenden Anatomie von Oskar Schmidt. Jena 1855. Von *Herrn Prediger Plath*: Die Erwählung des Volkes im Lichte der Missionsgeschichte von Plath. Berlin 1867. Von *Herrn Archidiakonus Tschirch*: Heinr. Wilh. Sausse's Leben von Tschirch. Separatabdr. aus d. N. Lausitzer Magazin, Bd. 43.
Für das physikalische Kabinet wurde angekauft: Wochenschrift für Astronomie von Heis 1866; desgl. Schlömilch, Zeitschrift für Mathematik; Dienger, Theorie der elliptischen Integrale; Gartz, de interpretibus et explanatoribus Euclidis arabicis; Chasles, les trois livres de Porismes d'Euclide; Clebsch u. Jordan, Theorie der Abel'schen Functionen; Neumann, die Hauptu. Brennpunkte eines Linsensystems; ein Keilmodell; ein Modell einer Brückenwage, eines durchbohrten Hahns, eines Schieberventils; ein Quecksilberbarometer mit runder Scala; ein Thaumatrop; ein Motor mit oscillierendem Anker; eine Leidener Flasche; ein Kohlenlichtapparat; ein Telephon von Reis; eine Platinbatterie von 6 Elementen.
Ein gangbares Modell einer Hochdruckmaschine wurde vom Civil-Ingenieur Herrn *Julius Müller* in Berlin geschenkt.

VI. Ordnung der Schulfeier.

Das Stiftungsfest beginnt am 21. Mai früh 8 Uhr mit Gottesdienst. Um 10 Uhr findet der Declamir- und Redeactus statt, bei welchem folgende Schüler auftreten:
Aus Unter-Tertia declamirt: *Clemens von Oertzen*, Bertran de Born von Uhland, *Hermann Koschel*, den Zauberlehrling von Goethe;
aus Ober-Tertia: *Johannes Burkhardt*, den Skieläufer von Bässler, *Curt Seyferth*, der Kaiser und der Abt von Bürger;
aus Unter-Secunda: *Alfred Büchner*, den zweiten Monolog aus der Jungfrau von Orleans, *Hans von Teubern*, ein Stück aus Goethe's Reinecke Fuchs.
Aus Ober-Secunda werden eigene Gedichte vortragen: *Eugen Breyther*, der Abgrunds-

wolf und die Götter, *Theodor Siebert*, der Frauensand, *Hermann von Grabow*, der treue Sänger, *Otto Romeiss*, Loreley; *Albrecht Wagner* wird eine lateinische Rede über Perikles halten. Aus Prima wird *Wilhelm Sickel* eine deutsche Rede über Lessing's Kampf gegen die französische Literatur halten. *Ulrich von Wilamowitz* wird in einem lateinischen Gedicht die wichtigsten Ereignisse des verflossenen Schuljahrs schildern und *Johannes Schmidt* in einer lateinischen Rede das Thema behandeln: Herodoti de rebus divinis sententia.

Zuletzt wird der Rector an diejenigen Schüler, welche sich durch Fleiss und Wohlverhalten in vorzüglichem Maasse empfohlen haben, Prämienbücher vertheilen und die Feierlichkeit mit einem Gebet beschliessen.

Zu dieser Feier beehren wir uns, alle Gönner und Freunde der Anstalt, insbesondere die sämmtlichen Beamten derselben ehrerbietigst und ergebenst einzuladen.

Der Rector der Königlichen Landesschule Pforta

Dr. C. Peter.